Für meine Tochter Cornelia

und für Wolfgang Schönfeld
für seine unermüdliche Arbeit
über das Schicksal der Mitglieder der
jüdischen Gemeinde Flehingen.

Brigitte R. Springer, geboren 1969 in Bretten, aufgewachsen in Flehingen. Verheiratet, zwei Töchter. Beamtin. Sammelte Erfahrungen mit Wein und Weinbau in langjähriger Tätigkeit beim Weingut Lutz in Oberderdingen. 2008 erschien „Eine weihnachtliche Reise durch Deutschland, Österreich, die Schweiz und Südtirol“ (Möwig/Edel Verlag), 2010 Andrea Leuchtes erster Fall „Die Tote im Weinkeller“ (2. Auflage 2012) und 2011/12 Band 2 „Ein Mordsfest“. Der dritte Band erschien 2012 unter dem Titel „Eine Mordsjagd“.

Brigitte Springer

DIE TOTE IN DER KRAICH

Ein Kraichgau-Krimi

Lindemanns Bibliothek

Ähnlichkeiten mit lebenden Personen
sind nicht beabsichtigt und rein zufällig.

Einige Akteure

Andrea Leuchte: Die schönen Künste haben es ihr seit geraumer Zeit angetan. Eigentlich möchten sie ja nur in aller Ruhe eine Vernissage veranstalten. Wäre da nicht ihr Talent, unbeabsichtigt in die Abgründe der Seelen ihrer Mitmenschen zu blicken. Ungewollt holt sie Vergangenes hervor.

Joachim Leuchte: Er darf wieder ganz offiziell buddeln (archäologische Ausgrabungen tätigen). Dabei macht er eine Entdeckung, die, sollte er sie publik machen, die Geschichte der Menschheit auf den Kopf stellen würde.

Komissar Blankenfels: Vorerst ist es einmal kein Mord, der ihn nach Flehingen führt. Ein Ort im schönen Kraichgau, der ihm, trotz der vielen Mordfälle in den letzten drei Jahren, ans Herz gewachsen ist. Hingebungsvoll gibt er sich auch dieses Mal den Genüssen, die Küche und Keller im Kraichgau zu bieten haben, hin. Doch dann holt ihn das Morden wieder ein.

Frau Braun: Andreas wissbegierige (neugierige) Nachbarin. Sie lässt sich auf ihre alten Tage noch auf das Wagnis einer neuen Liebe ein und beschließt ihren heiligen Witwenstand aufzugeben. Als Folge dessen, sieht sich Kommissar Blankenfels gezwungen, sich auch dienstlich für ihre neugewonnene Liebe zu hausgemachten Butterkeksen, die eine interessante pflanzliche Note haben, zu interessieren.

Herb Weingardner: Erbe jüdischer Emigranten aus Flehingen. Ein rätselhaftes Bild zwingt ihn, sich mit der Vergangenheit seiner Eltern auseinanderzusetzen.

Emma Fuchs: Andreas Freundin und die Gattin des Bürgermeisters. Eigentlich möchte sie nun nach der Geburt ihrer Tochter Clara ganz in der Mutterrolle aufgehen, wäre da nicht Andrea mit ihren Ermittlungen.

Thorsten Fuchs: Emmas frisch angetrauter Ehemann und Bürgermeister. Er hat es inzwischen akzeptiert, dass es Ereignisse in seinem Ort gibt, die er nicht versuchen sollte zu verstehen.

Erich: Seine Liebe zur Kunst, die in seinen Bildern weiterlebt und so manches tödliche Geheimnis mit sich bringt.

Schloss Flehingen: Schauplatz fast 700 Jahre wechselvoller Geschichte und Hüter so manchen Geheimnisses. Ohne ein (zumindestens nicht bekanntes) Schlossgespenst.

Prolog

Langsam, aber unaufhaltsam züngelten sich die Flammen empor. Von einem Dunkelrot in ihrer Mitte bis zu einem giftigen, rauchigen Gelb an der Flammenspitze. Gierig, mit einem lauten Zischen, fraß sich das Feuer durch das bunte Treiben auf der Leinwand. Brannte schwarze Löcher in einen gemalten Traum aus Farben. Zerfraß Sehnsüchte und die damit verbundenen tiefen Gefühle. Die Arbeit. Die Kunst. Hinterließ ein schwarzes Häufchen Nichts, das der Wind als Spielball benutzte. Aufwirbelte und mit sich fortnahm.

1

Flehingen, Januar 1938. Zuerst rasch, dann wieder behutsam tänzelnd, einer Ballerina gleich, glitt der Pinsel über die Leinwand. Aus der Komposition aus Brauntönen entstand eine hügelige Wüstenlandschaft. Sanft umrahmt von schlanken, grünen Palmen. In der linken Ecke, eingerahmt von ockerfarbenen, golden in der Wüstensonne schimmernden Steinen, stand der über 2000 Jahre alte Grund für Freude, Frieden, aber auch für Krieg und Verfolgung.

„Glaubt ihr es ist wirklich eine gute Idee wenn Erich zusammen mit den anderen Zöglingen den Hintergrund für die Weihnachtskrippe in der St. Martins Kirche malt?", fragte der Anstaltsaufseher Bausch beunruhigt.

„Wieso nicht? Der Junge hat Talent. Abgesehen davon ist es eine Auftragsarbeit an unsere Anstaltsmalerei", erwiderte Direktor Tiedemann von der Anstalt für verwahrloste junge Männer in Flehingen. Er wusste, worauf sein Anstaltsaufseher Bausch hinaus wollte. Und das behagte ihm gar nicht.

„Das bringt uns aber bestimmt wieder Ärger mit der hiesigen Parteispitze einschließlich des Bürgermeister ein. Vielleicht wäre es besser, wenn er anstelle einer orientalischen Landschaft etwas anderes malen würde." Bausch steckte verlegen seine Hände in die Hosentaschen und blickte verlegen seinen Chef an.

Dieser schnaubte nur verächtlich: „Warum nennen sie es nicht beim Namen. Eine Bergszene mit blonden Hirten in einer

Krachledernen, aus deren Hosentaschen am besten noch der arische Nachweis herausschaut." Tiedemann war kurz vorm Platzten.

„Sie wissen wie ich das meine", versuchte Bausch zu beschwichtigen. Er hatte die NSDAP nicht gewählt. Doch leider hatten es andere getan und nun sah er kaum noch eine Möglichkeit, ihr Vordringen in den Alltag, in das Privatleben eines jeden Bürgers zu verhindern.

„Jesus war Jude. Daran können auch die Nazis nichts ändern. Bethlehem liegt nicht in Oberammergau. Wobei ich nichts gegen die Schnitzer dort sagen will, sie sind wahre Meister ihres Faches."

Tiedemann holte tief Luft und stemmte dabei seine Hände in die Hüfte.

„Fakt ist, der Pfarrer will für die Krippe einen Hintergrund, der zur Kirche passt. Sie ist im Stil der Jerusalemer Grabkirche gebaut, also wird die Krippe orientalisch."

Tiedemann betrachtet zufrieden das Bild, das immer realer wirkte. Die Landschaft begann vor seinem inneren Auge lebendig zu werden. Er spürte förmlich den heißen Wind, das Wogen der Palmen und das Blöken der Schafe nach Wasser.

„Ich möchte nur nicht, dass unser Bürgermeister Becker uns wieder anschwärzt. Wir wären unfähig, die Jungen im Sinne der Partei zu erziehen", fing Bausch nochmals mit dem unliebsamen Thema an.

„Ich verstehe ihre Sorgen Bausch. Als Anstaltsleiter möchte ich mir auch nicht in meine Arbeit reinreden lassen. Erziehung ist Ansichtssache. Beim Sportfest nächste Woche kann er gerne die Fahne hissen und die Musikkapelle soll in Uniform antreten. Würde Sie das beruhigen? Am besten sie bestellen einen Fotografen, der alles festhält. Die Bilder werden wir dann brav nach Karlsruhe schicken."

Tiedemann lächelte Bausch verschwörerisch an. Dieser atmete erleichtert auf. „Ansonsten bleibt alles beim Alten. Wenn dieser Becker meckert, dann erinnern Sie ihn an die gusseisernen Kerzenleuchter in der evangelischen Kirche, die wir anfertigen mussten. Sobald er die entfernt hat, darf er auch die Krippe entfernen", erklärte Tiedemann stur.

Bausch schaute erst verdutzt, doch dann verstand er die Anspielung. „Und wenn ihn das nicht ruhigstellt, dann überlassen Sie ihn Schwester Salvatoris, sie wird ihm schon klar machen, dass sich die Partei aus solchen Dingen heraushalten soll." Damit war für Tiedemann die Unterhaltung beendet. Er wandte sich ganz dem Bild zu. Bausch nickte und dankte Gott still für die Erlenbader Schwestern hier in der Anstalt und ganz besonders für Schwester Salvatoris. Mit ihrer lieben, aber auch konsequenten Art schaffte sie es immer wieder, alles ins Lot zu bringen und den härtesten Jungen weich wie Butter werden zu lassen. Selbst Parteigenossen wie dieser braune Hund Becker hatten Manschetten vor ihr.

Derweilen malten die von Tiedemann für talentiert gehaltenen Jungen weiter. Für ihn war diese Tätigkeit neben harten Betten, das Arbeiten um das tägliche Brot in der Landwirtschaft, Sport und Musik ein wichtiger Eckstein in seiner Erziehungsmethode. Talent hatte seiner Meinung nach nichts mit Herkunft zu tun. Es war ein Gottesgeschenk, das es zu fördern galt. Väterlich legte er seine Hand auf die Schultern eines der Jungen. „Morgen fahre ich wieder nach Karlsruhe in die Kunsthalle, wenn du mit möchtest, Erich, nehme ich dich mit." Die Augen des Jugendlichen strahlten. Im Geiste sah Erich es schon vor sich. Die Gemälde, die Farben, die Formen. Den Duft nach Leinwand. Die Freiheit der Gedanken. Und vor allem die Möglichkeit, diese Gefühle durch die Malerei auch ausdrücken zu können.

2

Flehingen, 2. August 2016. Rinnsalen von Regenwasser gleich floss mir der Schweiß über die Stirn. Ich fühlte mit den jungen Männern, die hier vor mehr als hundert Jahren, mühsam Tag für Tag mit Hammer und Meißel die Kalksteine aus dem Steinbruch hatten hauen müssen. Und das, obwohl meine Werkzeuge im Vergleich zu Hammer und Meißel leicht wie eine Feder waren. Hochkonzentriert, vor meiner Feldstaffelei stehend, tauchte ich einen Pinsel in ein zartes Hellgrau. Rührte viel zu energisch mit den feinen Borsten des teuren Marderhaarpinsels in der Aquarellfarbe, klatschte ihn schwungvoll auf die Leinwand, um letztendlich schmerzlich aufzustöhnen.

„Das kann doch nicht so schwer sein", seufzte ich und wischte mir den Schweiß von der Stirn. „Das kommt davon Andrea, wenn du dich auf ein Terrain begibst, auf dem du dich nicht auskennst", beschimpfte ich mich selbst.

Doch aufgeben gab es für eine Andrea Leuchte nicht.

Umbarmherzig brannte die Augustsonne von einem strahlendblauen und wolkenlosen Himmel auf die kleine Gruppe von Menschen herab, die sich hinter ihren großen Staffeleien zu verbergen schienen. Ebenso verborgen lag in einer Kurve der alte Steinbruch an der ehemaligen Straße zwischen Flehingen und Gochsheim. Sträflingskurve nannte man die Biegung dieser Straße entlang des Kraichbaches, die am heutigen Tag zu einem Schauplatz künstlerischen Schaffens geworden war.

Skeptisch betrachtete ich mein neuestes Werk. Nun ja, dann ist es eben eine Komposition aus Grau mit verschiedenen Grüntönen unter einem knalligen Blau als Himmel. Expressionismus in Reinform. Es hat ja keiner gesagt, dass der Kraichgau nicht abstrakt dargestellt werden darf. Es lebe die Moderne. Niemand müsste erfahren, dass ich, Andrea Leuchte, bei dem Versuch die Landschaft 1 : 1 wiederzugeben gescheitert war. Sollte man mich negativ auf mein Werk ansprechen, würde ich demjenigen auf die Vielfalt der künstlerischen Arbeit hinweisen und dass gerade mir als Organisatorin „Unser Kraichgau im Bild" es wichtig sei alle Aspekte des künstlerischen Schaffens darzustellen. Mit dieser Ausrede zufrieden, tauchte ich meinen allerfeinsten Marderhaarpinsel in ein dunkles Grau, biss mir konzentriert auf die Lippe – ging so nahe wie möglich an das Bild heran, um am unteren rechten Eck schwungvoll meine Signatur auf das Bild zu setzten.

„Nun bist du ein echter Leuchte", sagte ich stolz zu meinem Werk. „Mal sehen, ob du wohl einmal etwas Wert sein wirst."

Daraufhin setzte ich mich erst einmal sichtlich erschöpft in den Schatten der Apfelbäume, die vor der hohen Wand des ehemaligen Steinbruchs vor mehr als fünfzig Jahren gepflanzt worden waren. Inzwischen waren aus den zarten Stämmchen alte, knorrige Bäume geworden. Übervoll mit kleinen rotbackigen, süßen Äpfeln, die mich von frischem Apfelkuchen und Apfelsaft träumen ließen. Auf der linken Seite konnte man die terrassenförmige Anlage des Steinbruchs noch erahnen. Die Steinterrassen hatte man in der Zwischenzeit mit Erde aufgefüllt. Sie boten so nach den vielen Jahrzehnten eine wunderbare Lage für die dort gepflanzten Riesling-Reben. Eidechsen und Mauerbienen fanden zu Füßen der Reben ideale Bedingungen vor. Langsam glitt mein Blick über die anderen Teilnehmer der Gruppe. Da waren ein Bankangestellter, der sich ohne seine Krawatte, wie er behauptete, nackt fühle, und durch die Teilnahme aus seinem Berufstrott ausbrechen wolle. Mehrere Mütter, die sich freuten, einen Nachmittag ohne ihre Kinder verbringen zu dürfen, zwei Kunststudenten und eine Gruppe von Rentnern, die sich ebenfalls neu entdecken wollten.

Ich trank den von mir mitgebrachten Apfelsaft – selbstgepresst vom vorigen Jahr – und schloss die Augen. Fruchtig süß, mit einer angenehmen Säure und dem feinen Aroma, das an Muskatnuss erinnerte, rann mir der kühle Saft die Kehle hinunter.

Vor meinem geistigen Auge tauchte plötzlich eine alte Fotografie auf, die ich erst kürzlich entdeckt hatte. Junge Männer, eher noch Kinder, standen oder saßen in grauer, grober Leinenkleidung auf den zerhauenen Steinen. In ihren zerschundenen Händen hielten sie Meißel und schwere Hämmer. Als Schutz vor den Steinsplittern trugen sie Schutzbrillen. Es handelte sich um straffällig gewordene junge Männer – so galt die Bezeichnung. Schwererziehbar oder auffällig würde man heutzutage sagen, Problemkinder aus sozial schwachen Familien.

Mit ihrer Unterbringung in die Fürsorgeanstalt Schloss Flehingen hatte um 1900 der Staat versucht, sie aus ihrem Umfeld zu entreißen und sie zu vollwertigen Mitgliedern des Staates zu machen. Als Zöglinge, gleich einer Pflanze, die mit Hilfe einer Ranke in die richtige Richtung zu biegen waren. Wer nicht im Steinbruch arbeiten musste, war auf dem Feld, in den Ställen oder den Gärten rings um das Schloss tätig. Die badische Fürsorgeanstalt versorgte sich autark. Alles, vom Gemüse über das Fleisch, Saft ja selbst den Wein bis hin zum Feuerholz für die Küche (eine Heizung im Winter war undenkbar) musste selbst erwirtschaftet werden. Der Wein wurde ebenso wie die Schottersteine verkauft. Daraus bezog man das Geld wiederum für Kleidungsstoffe, Leder für die Schuhe, Saatgut und die Bezahlung für die Aufseher. An die 130 Jungen waren damals in dem, von den Herren von Metternichs abgekauften, heruntergekommenen und maroden Schloss untergebracht. Von wegen warmes, fließendes Wasser, eine heiße Dusche für die müden Knochen oder gar Fußbodenheizung im Bad. Schon eine Einzelhaft wäre ein Traum gewesen. Stattdessen waren sie zu dreißigst in einem Zimmer mit Vierer-Etagenbett untergebracht.

„Ob sich hier im Steinbruch tödliche Unfälle ereignet haben?", fragte ich mich und wischte mir den Schweiß von der Stirn. Immerhin war es ein gefährlicher Arbeitsplatz gewesen. Kaum zu glauben, denn nach nun mehr als zehn Jahrzehnten war hier alles mit wildem Wein und Moos überwuchert. Ich verglich es mit Schorf auf einer großen Wunde, die nur langsam verheilt.

Ich dachte an meine drei Kinder. Vor allem an die Älteste von ihnen, Louisa, die inzwischen in die fünfte Klasse ging. Der Jüngste auf der alten Fotografie dürfte in ihrem Alter gewesen sein. Der Staub, der auf ihren Gesichtern lag, und die schwere Arbeit ließen die Jungen bestimmt älter aussehen. Vielleicht sollte ich dieses Bild als Abschreckung zu Hause aufhängen, dachte ich schmunzelnd. Aber mit dem Hinweis, dass dies passiere, wenn man nicht gehorcht und vor allem das Zimmer nicht aufräumt. Ich nahm einen Schluck Apfelsaft und tadelte mich aufgrund meiner boshaften Gedanken selbst.

3

Schloss Flehingen, 3. August 2016. Beinahe wäre ich in das Loch, das sich vor mir urplötzlich auftat, gefallen. Wobei die Bezeichnung Loch völlig untertrieben ist. Der komplette Innenhof unseres Wasserschlosses, einem viereckigen Gebäude aus dem 16. Jahrhundert, der immerhin die Größe eines Tennisplatzes hatte, war aufgerissen und quasi um mindestens ein Stockwerk tiefergelegt. Und dort standen sie, die Herren vom Denkmalamt und mittendrin mein Mann. Er buddelte wieder! Dieses Mal mit Genehmigung von höchster Stelle – nämlich von mir! Durch den in der Ecke stehenden Bagger wirkte die Szenerie vergleichsweise wie ein überdimensionaler Sandkasten.

Wie werde ich mich heute Abend verhalten, wenn Joachim so dreckverschmiert nach Hause kommt, fragte ich mich. Wie die Mutter in der Fernsehwerbung, die lächelnd die schmutzige Wäsche in die Waschmaschine steckt, da sie natürlich mit dem richtigen Waschmittel wäscht? Oder wohl eher wie die verzweifelte Ehefrau, die weiß, dass bei diesem Dreck selbst der beste Wasserenthärter nicht verhindern kann, dass die Waschmaschine den Geist aufgibt.

Meine Mitstreiter des Malkurses sahen diese Szenerie wohl mit anderen Augen als ich: „Faszinierend“ , „Perfekt für Surrealismus“, „Nein, Expressionismus“, meinte ein anderer. „Kubismus“, ein Dritter. Die Kunststudenten empfanden den Bagger und die Sandsteine als „Eine Symmetrie von Moderne und Altem“. „Egal, wie auch immer, die perfekte Szene. Hier bleibe ich“, erklärte unser krawattenloser Bankmensch. „Genau das gibt mein Motiv heute. Der Mensch auf der Suche.“

„Auf der Suche nach was?“, fragte ich mich. Letztendlich erschien es mir, als ob ich wohl die Einzige war, die bei dieser Situation den Gedanken an Schmutzwäsche hatte. Deshalb klemmte ich meine Staffelei und die Leinwand unter den Arm, schnappte mir meinen Zeichenkoffer (ein Geschenk von Joachim zu Weihnachten) und ging nach draußen vor das Schloss.

Mein Blick fiel sofort auf einen großen alten Ginkgobaum rechts vom ehemaligen Schwesternhaus. Ein eigens für die Nonnen errichteter Jugendstilbau. Dies würde mein Motiv werden! Voller Realismus mit oder ohne Impressionismus oder sonst noch etwas, beschloss ich. Die Blätter des Ginkgobaumes vor der alten Schreinerei wogten sanft in der warmen Sommerbrise. Geradezu malerisch, dachte ich. Zusammen mit meinen Malutensilien steuerte ich auf die Schreinerei zu. Das helle Grün des Baumes hob sich wunderbar von dem Ocker des Sandsteinbaus ab. Während der Sandstein in der Sommerhitze zu flimmern schien, geradezu golden funkelte, wirkte das Grün wie eine kleine, kühle Oase.

Bedingt durch die Intensität der Sonnenstrahlen entschied ich mich für die Perspektive „Unter dem Baum, ein Blick durch das Laub.“ Ein holpriger Arbeitstitel, ich weiß, aber die Kursleiterin hatte am Anfang ausgiebig darüber referiert, dass ein Arbeitstitel unerlässlich wäre. Kurz gesagt, unter dem Baum war es angenehm schattig.

Doch kaum hatte ich meine gedanklichen Ergüsse zu Ende gedacht, die Staffelei aufgestellt und die Aquarellfarben ausgepackt, da schoss wie von allen guten Geistern verlassen ein Mann auf mich zu.

„Was machen Sie denn da?“, fuhr er mich an.

Das sieht man doch – malen, dachte ich.

„Verschwinden Sie aber rasch!", befahl er mir. Packte mich am Oberarm und wollte mich wegzerren.

„Wie bitte?", fragte ich in einem ruhigen, aber frostigen Ton. Griff nach seiner Hand und entfernte sie von meinem Arm.

„Denkmalamt. Sie stören!", war seine knappe Antwort.

„Wobei, wenn ich fragen darf?"

Die Frage war wohl zu viel für ihn. Aufgebracht schnappte er nach Luft, lief rot an und drohte jeden Moment zu explodieren. Damit es dazu nicht kam – man stelle sich nur die Sauerei vor –, erklärte ich ihm rasch meine Situation und die daraus resultierende Motivwahl.

„Ich sitze hier zwar zugegeben unter einem Naturdenkmal, da es aber wohl nicht Gegenstand Ihrer Untersuchung sein dürfte, ist es mir nicht klar, inwiefern ich Sie störe. Außerdem haben wir vom Eigentümer die Genehmigung sowohl im Schloss als auf dem Schlossgelände zu malen. Wenn es Ihre Kollegen im Schlosshof nicht stört als Motiv des Tages missbraucht zu werden, dann frage ich mich, bei was ich Sie denn hier stören soll?"

Nun wurde er interessanterweise kreidebleich. Trat unruhig von einem auf den anderen Fuß, gestikulierte dabei wild mit den Händen durch die Luft, bis er schließlich meinte: „Aber aus der Schreinerei bleiben sie draußen!"

Ich nickte lächelnd und dachte bei mir: Das war ein Fehler. Verbiete niemals einer Frau etwas, wenn du sicher gehen willst, dass sie es nicht tut. Wir Frauen sind schließlich nicht neugierig, nein, es ist die pure Wissbegierde, die uns antreibt. Also werde ich selbstverständlich bei der erstbesten Chance, die sich mir bietet, meine Staffelei nehmen, um sie in der alten Schreinerei aufzustellen, um mir dann alles näher anzusehen."

Mit einem süffisanten Lächeln und dem dazu passenden Augenaufschlag antwortete ich daher: „Selbstverständlich!"

Danach gehörte der Nachmittag unter dem Ginkgo mir. Zu sehr war ich mit meinem Werk beschäftig als dass ich noch an den Wunsch in die alte Schreinerei zu gehen dachte. Selbst mit meinem Werk war ich zufrieden. Ich fand, man spürte darauf die Kühle der Blätter, die Kraft der Sonnenstrahlen und die leichte Brise, die ich genossen hatte. Nachdem ich die Pinsel geputzt, die Staffelei zusammengeklappt hatte, klemmte ich mein Werk unter den Arm und ging zurück ins Schloss. Die meisten Kursteilnehmer saßen noch am Rand des Lichthofes. Bei einigen schienen die Gesichter vor Aufregung förmlich zu glühen. Was war geschehen? Irgendeiner der Ausgrabungsteilnehmer hatte es „geschafft", mit dem Bagger in einen der Ecktürme zu fahren. Nun war dort ein großes Loch, das unter lautstarkem Geschrei der Männer mit Sprießen abgestützt wurde.

Mein Magen begann sich zusammenzukrampfen, meine Kehle wurde trocken ... Nein, Andrea ganz ruhig, sagte ich mir, Joachim gräbt unter Aufsicht des Denkmalamtes, es ist alles gut. Es passiert nichts. Niemand wird verletzt, keiner kommt um und es wird in diesem Jahr kein Mord passieren. Ich atmete tief durch zählte innerlich bis zehn und setzte mein strahlendes Lächeln auf. „Autosuggestion" hatte ich in einem VHS-Kurs gelernt. Das sollte helfen. Alles ist gut.

In 14 Tagen fand die Ausstellung „Mein Lieblingsbild" in der alten Turnhalle statt. Wer wolle, dürfe da sein Lieblingsbild, sei es ein Original oder ein Druck, zeigen. Die Idee hatte großen Anklang gefunden und es versprach interessant zu werden. Daher hatte auch Kommissar Blankenfels sich zum Besuch angemeldet. Ganz privat versteht sich, ohne, wie in den Jahren zuvor, einen Mord aufklären zu müssen, und dabei sollte es auch gefälligst bleiben.

Alles war gut!

4

Flehingen, 17. August 2016. „Ein Traum!", hauchte Blankenfels. „Dieser Schwung, diese Rundungen, der gesamte Aufbau, die Feinheit der Linien."

Emma sah mich irritiert an. „Von welchem Bild spricht er? Ich sehe hier kein Bild mit Rundungen." Verunsichert über ihre Kenntnisse, was die Malerei betraf, sah sie sich um. Nur schwer konnte ich mir ein Lachen verkneifen. Ahnte ich doch, welchem, beziehungsweise welchen Kunstwerken Blankenfels' volle Aufmerksam galt.

„Diese Aromen", schwärmte Blankenfels und zog den Duft der frischgebackenen Schneckennudeln, die auf großen Tellern vor ihm auf dem Tisch lagen, genüsslich ein. „Das nenne ich den perfekten Ausdruck von Heimat. Dazu noch in seiner ganzen Vielfalt."

„Das hätte ich mir ja denken können", brummte Emma beleidigt.

„Schneckennudeln mit und ohne Rosinen. Zimtschnecken, Nussschnecken, Puddingschnecken, Mohnschnecken und … Was ist das?" Abrupt hielt er in seiner Bewunderung inne, hob den Teller mit den noch warmen, goldgelben Schneckennudeln hoch. Schnupperte. „Apfel?", fragte er hoffnungsvoll. Noch ehe eine der anwesenden Landfrauern die Möglichkeit hatte, ihm eine Antwort zu geben, biss er berherzt in das Gebäck. Verdrehte entzückt die Augen und seufzte: „Ihr Flehinger bringt mir zwar seit drei Jahren meine Mordopfer-Statistik durcheinander, aber hierfür komme ich trotzdem doch immer wieder gerne."

In der nächsten Viertelstunde war er damit beschäftigt, reihenweise Schneckennudeln zu eliminieren. Danach setzte er sich mit einer heißen Tasse Kaffee auf einen Stuhl und erklärte, sichtlich mit sich und der Welt zu frieden: „Also dafür könnte ich morden!"

„Heute Abend wird es noch besser", versprach ich ihm.

„Noch besser?", hakte Blankenfels nach, während er an seinem Kaffee nippte.

„Da wird zu den Klängen einer Dixie Band im Park hinter dem Schloss gepicknickt.

„Etwa auf dem Boden?", fragte er wenig begeistert.

„Ja natürlich", antwortete ich gereizt. Etwas mehr Begeisterung hatte ich schon erwartet. „Typisch Mann. Ohne eine Bierbank geht mal wieder nichts. – Abwarten, das wird klasse. Apfelmost oder, für den Mensch von Welt die französische Variante, Cidre, gibt es auch. Feine Häppchen, meinetwegen auch Pizzaschnecken und dazu die Live-Musik von der Dixie-Band."

Sein skeptischer Blick zeigte mir deutlich, dass ihn selbst die Pizzaschnecken nicht überzeugt hatten. „Das Beste ist, glaube mir", versuchte es Joachim, „du kannst dich dabei faul der Länge nach auf dem Gras ausstrecken und die Musik genießen."

„Das ist ein Argument", grinste Blankenfels. „In der Kunstgalerie in Karlsruhe habe ich in einer Ausstellung zum Thema Picknick übrigens ein sehr ansprechendes Gemälde gesehen. Es war nicht, wie man meinen könnte, von Monet, aber aus dieser Zeit. Das abgebildete Picknick war wirklich äußerst delikat."

Spitzbübisch lächelnd griff er nach seiner Tasse und trank in wohliger Erinnerung.

„Nach Ihrem glasigen Blick zu urteilen, ist das Bild von Edouard Manet und zeigt zwei pikante Sonderzutaten eines Picknicks. Nämlich zwei nackte junge Damen neben einem völlig korrekt gekleideten Herren?“, fragte ich gezielt pikiert.

„Erraten.“ Blankenfels verneigte sich vor meinem Wissen. „Ich nehme aber an, dass es hier in Flehingen nicht zu solchen Ausschweifungen kommen wird.“

„Wenn Sie nicht wollen, dass Ihre Mordstatistik wieder steigt. Aber wer weiß schon, was so alles passieren kann, wenn manch einer zu viel Most im Hirn hat. Da ist alles möglich“, konterte Joachim mit einem geradezu herausfordernden Blick. Blankenfels sah ihn einen kurzen Moment erschrocken an. Beruhigte sich aber gleich wieder: „Keinen Mord, so will ich hoffen. Die Statistik ist, was diesen Ort betrifft, schon auf Jahre hinaus übererfüllt.“

Seit wir uns anlässlich des Mordes an einer Ortsschaftsrätin kennengelernt hatten und Joachim damals als Hauptverdächtiger galt, hatte sich in den zwei darauffolgenden Jahren nochmals vier Morde ereignet. Einer davon zwar jenseits der badisch-schwäbischen Landesgrenze, in Derdingen am Bernhardsweihersee, er stand aber mit den beiden anderen in Flehingen in Verbindung. Der vierte im letzten Jahr war allerdings an einem Auswärtigen verübt worden, ein Tourist sozusagen. Noch dazu ermordet von der Russenmafia. Dies geschah dekadent in einem Schwarzrieslingbad im Weingut. Die Russen verstehen nicht nur zu leben, sondern auch zu sterben.

Inzwischen war eine Freundschaft zwischen Blankenfels, Joachim, Emma und meiner Person entstanden.

„Ich möchte gar nicht wissen an was Sie gerade denken“, stichelte Blankenfels und beäugte mich kritisch.

„An die Morde natürlich“, gab ich zu, „ein Wunder, dass überhaupt noch jemand nach Flehingen zieht. Ehrlich gesagt, erschrecke ich inzwischen, wenn jemand nachts eines dieser nervigen Feuerwerke anlässlich von Hochzeiten oder Geburtstagen abfeuert. Im ersten Moment schießt es mir jedes Mal durch den Kopf, diesmal wird einer erschossen. Erst gestern hatte doch so eine Göre in der Nachbarschaft ihren achtzehnten Geburtstag gehabt. Ihrer Freundin war nichts Besseres eingefallen, als kurz nach Mitternacht gegenüber unseres Schlafzimmerfensters drei Böller abzuschießen. Ich dachte, mein Herz bleibt vor Schreck stehen".

„Ganz furchtbar ist das mit dieser Unsitte geworden", stimmte Emma mir empört zu. „Da bist du im Tiefschlaf und dann knallt so ein Idiot durch die Nacht. Vor vierzehn Tagen bin ich dermaßen erschrocken, dass es bei mir Wehen auslöste und Thorsten mich ins Krankenhaus fahren musste. Zum Glück ist mit dem Baby nichts passiert," zärtlich strich Emma über ihren inzwischen kugelrunden Bauch. „Den Idioten habe ich angezeigt", schimpfte sie zornig weiter. „Und wisst ihr was? Anstelle sich bei mir zu entschuldigen oder zumindest Verständnis für meine Situation als hochschwangere Frau zu zeigen, hat er mich doch als Spaßbremse beschimpft!"

„Na, dann komm meine süße Spaßbremse", flötete Thorsten seiner Ehefrau ins Ohr. „Es gibt hier noch einiges zu entdecken." Damit hatte er recht.

Die Idee, dass Bürger ihre Lieblingsbilder, -drucke oder -gemälde für die Öffentlichkeit ausstellen, war eigentlich nur so ganz nebenbei und quasi als Lückenfüller für das Kulturwochenende gedacht gewesen. Aber es fand überraschenderweise großen Anklang. Wir hatten sogar befürchtet, Bilder ablehnen zu müssen, da die Ausstellung zu groß zu werden drohte. Der Besucherstrom war riesig. Zum Teil kamen die Besucher allerdings nicht aus Kunstinteresse, sondern aus purer Neugierde, was wer im Wohnzimmer hängen hatte. Sogar die regionale

Presse war zahlreich erschienen. Natürlich gab es Bilder, die mehr über den Besitzer als über den Kunstwert aussagten. Auch einiges Amouröses aus dem 19. Jahrhundert war dabei. (Ich wusste gar nicht wie viele es davon in der angeblich ach so prüden Biedermeierzeit gab.) Wir mussten sie, laut den Vorschriften des Jugendgesetzes, hinter einem Vorhang in einem separaten Raum ausstellen. – Er war übrigens der best besuchte Raum. Viel Klassisches oder Modernes wie Rosina Wachtmeister fanden sich in den anderen Räumen. Ein Kind hatte ganz stolz sein Diddel-Poster gebracht. Es hatte einen Ehrenplatz bekommen. Und zwar bei den Originalen, die die Besitzer selbst gemalt hatten oder die aus dem Urlaub mitgebracht worden waren. Das ein oder andere Gemälde eines alten Künstlers fand sich aber dennoch. Dazu gehörte eindeutig das Bild von Emmas Tante. Mit 2 Meter auf 1,20 Meter und der angeblichen Signatur von Klimt hatte es mich doch tatsächlich Verhandlungen mit der Versicherung gekostet.

„Dass du dich von deinem Klimt trennst?“, stichelte Emma liebevoll ihre Tante. Das runde Gesicht der alten Dame glühte vor Aufregung. Sie sah Emma dennoch böse an.

„Natürlich kann ich mich von meinem Bild trennen, du dummes Ding.“ Sie strich liebevoll über den Rahmen des Bildes und ihr Gesicht nahm die Farbe ihrer malvenfarbenen Leinenbluse an. „Außerdem kann ich es ja morgen wieder mit nach Hause nehmen“, ergänzte sie freudestrahlend.

„Es ist doch nicht wirklich ein echter Klimt?“, fragte mich Blankenfels besorgt. „Allein die Versicherungssumme muss ja enorm sein.“

„Und ob. Der Gutachter behauptet zwar es sei ein Klimt, aber Tante Clara hüllt sich darüber in Schweigen.“

„Wer weiß. Wer weiß!“, bemerkte Tante Clara, die dem Gespräch gelauscht hatte, geheimnisvoll. „Wer weiß.“

„Autsch, so geben Sie doch acht!“, stöhnte ich vor Schmerzen auf. Da war wieder dieser unhöfliche Mann vom Denkmalamt. Er hatte sich einfach an mir vorbeigedrückt um näher an das Bild zu kommen und mir dabei seinen Ellenbogen in die Seite gestoßen.

„Entschuldigung“, murmelte er.

Keine Frage, das Bild war wunderschön, aber das war noch lange kein Grund so unhöflich zu sein. Es zeigte eine große, schlanke schwarzhaarige Frau, die eines dieser bunten, hochgeschlossenen Kleider trug, die Klimt so gerne zeichnete. Sie saß kerzengerade auf einem dunklen Stuhl mit geschwungenen Lehnen. Der Hintergrund schien mit Blattgold verziert zu sein.

„Wunderschön“, raunte der Denkmalamtsfritze. „Einmalig“, hauchte ein Kollege von ihm, der ebenfalls zu uns hinzu getreten war. Durch das hochgeschlossene Kleid schien der Hals der Frau endlos zu sein. Es wirkte als habe der Künstler beim Malen vor ihr auf dem Boden gesessen und so die für Klimt übliche Perspektive geschaffen. Zu ihren Füßen lagen Rosenblüten, als wären sie just in dem Moment aus den Händen der jungen Frau gefallen. Einzig eine karmesinrote Rosenblüte hielt sie noch in ihren schlanken weißen Händen. Ihr Mund war leicht geöffnet und ihre grünen Augen schimmerten mit dem goldenen Hintergrund um die Wette.

„Ist das Blattgold?“, fragte Blankenfels erstaunt und trat näher an das Bild heran.

„Ja, hauchfein“, bestätigte Tante Clara. Ihr Blick wirkte entrückt. „Ich werde nie vergessen wie der Künstler es aufgetragen hat. Er verbot jedem, der im Raum war, das Atmen. Danach hat er das Blattgold mit einem Halbedelstein geglättet.“

„Na, na. So alt können Sie aber nicht sein, als dass Sie das mitbekommen haben“, meinte einer der Männer vom Denkmalamt.

„Ich war sieben Jahre, aber ich erinnere mich an jedes Detail. Wir kannten damals kein Fernsehen oder dieses Internet. Ich konnte gar nicht genug davon bekommen zuzusehen, wie die Dame Modell stand und das Gemälde Form annahm. Ich ...“, urplötzlich brach die alte Dame in ihrer Erzählung ab. Zwinkerte ungläubig und schüttelte den Kopf.

Einer der Denkmalamtsmitarbeiter hüstelte verlegen. „Haben Sie schon einmal daran gedachte es zu verkaufen?“

„Oh, nein. Natürlich nicht. Es gehört nämlich nicht mir. Ich ...“, wieder brach sie mitten im Satz ab. Zu unserer kleinen Gruppe hatte sich ein fremder Mann hinzugestellt. Tante Clara starrte ihn erschrocken an. In ihrem Gesichtsausdruck war Fassungslosigkeit zu sehen.

„Was heißt es gehört dir nicht? Mir denkt dieses Bild immer an der Wohnzimmerwand“, hakte Emma nach.

„Das ist kompliziert“, antwortete sie ihrer Großnichte mit zitternder Stimme. Währendessen berührte sie den Unbekannten vorsichtig am Arm als wolle sie überprüfen, ob er wirklich vor ihr stand. Sie sah ihn eine kurze Weile ruhig an. Über ihr Gesicht rann eine Träne. „Es tut mir leid, so unendlich leid“, erklärte sie schließlich leise.

Der Unbekannte nahm ihre Hand. Für einen kurzen Moment schien die Zeit still zu stehen. Da löste sich Emmas Tante aus dem Griff des Mannes.

„Entschuldigt mich bitte, aber ich habe ... ich habe ... vergessen meinen Kater zu füttern.“ Mit diesen Worten drehte sie sich um und verschwand. Der Unbekannte zögerte kurz, lächelte uns verlegen an und folgte ihr schließlich.

„Wer war das?“, fragte Thorsten.

„Ein Gast aus dem Weingut Rettinger. Ein US-Amerikaner so viel ich weiß“, antwortete ich.

„Wie heißt er?“, wollte Blankenfels sofort wissen.

„Im Reservierungsbuch steht H. Weingardner", mehr wusste ich auch nicht.

„Und wie alt ist er?", wollte Emma wissen.

„Woher soll ich das wissen, ich bin Bedienung und kein Meldebüro", entgegnete ich säuerlich. „Ich bin nicht die NSA".

„Schon gut", meinte Blankenfels und klopfte mir auf die Schulter. „Komischer Kauz", fügte er hinzu. „Vielleicht sucht er ja nach alter Raubkunst."

„Wie meinen Sie das?", fragte ich.

„Nun, Weingardner kommt bestimmt vom deutschen Weingärtner. Das klingt für mich jüdisch", gab mir Blankenfels mit einer sehr selbstsicher klingenden Stimme zu verstehen. „Ein Kollege vom Raubdezernat hat mir von seinem neuesten Fall erzählt. In Heidelberg soll ein bislang unbekannter Max Ernst aufgetaucht sein. Unbekannt in dem Sinne, dass es vom Original keine Fotos gibt", fuhr er ruhig fort.

„Das habe ich im Internet gelesen", erwiderte Thorsten. „Im Fernsehen kam es auch. Stellt euch mal vor, 3,2 Millionen hat das Bild gebracht und das, obwohl das Gutachten noch nicht bestätigt ist", erklärte Blankenfels kopfschüttelnd.

„3,2 Millionen?", entfuhr es Emma.

„Jup. Auf der Rückseite der Leinwand befindet sich noch eine original Katalogseite einer Auktion aus dem Jahre 1933. Darauf sind der Titel, das Auktionshaus und der damalige Auktionspreis genannt. 2.730,00 Reichsmark!", erklärte Blankenfels.

„Schöne Wertanlage. Das nenne ich Zinsen", entfuhr es Joachim sichtlich beeindruckt. Wer hätte nicht gerne solch einen Dachbodenfund.

„Vielleicht findet sich hier in der Ausstellung auch so ein gutes Stück?", suchend sah sich Emma um.

„Und wieso ist das Bild gerade jetzt aufgetaucht?“, fragte ich neugierig nach. „War der Typ aus Heidelberg ein zweiter Herr Gurlit, der Nazi Raubkunst versteckte.“

„Nein,“ antworte Blankenfels „angeblich habe er es bei einer Hausentrümpelung entdeckt und wollte einfach den Wert des Bildes für eine Versteigerung schätzen lassen. Das Bild ist auch passenderweise für seinen Fundort über und über mit Staub und Dreck versehen, der sich über Jahrzehnte in einem alten Dachboden ansammeln kann. Der Auktionator hat dennoch vorsichtshalber die Kripo eingeschaltet.“

„Wahnsinn! 3,2 Millionen. Überlegt euch doch mal was das Bild dann im renovierten Zustand Wert ist“, Joachim war wie elektrisiert.

„Zumal es als verschollen galt und der letzte Eigentümer wohl kein Jude war und es somit nicht unter Raubkunst fällt. Ein Foto existiert auch nicht, nur die Beschreibung in diversen Fachzeitschriften aus der damaligen Zeit. Das Gemälde hat den Titel ‚Morgenröte‘. Schließlich hatte auch nicht jeder, so wie heute, eine Kamera parat,“ fuhr Blankenfels in seiner Erklärung fort.

„3,2 Millionen Euro“, Emmas Augen leuchteten „Vielleicht sollte ich einmal den Speicher von Tante Clara aufräumen. Vielleicht habe ich auch Glück.“

„Na, kommt, lasst uns weitergehen. Ansonsten sieht Andrea wieder überall Verbrecher“, bat Joachim.

Während die anderen seiner Aufforderung Folge leisteten, drehte ich mich nochmals um. Wo waren die beiden Männer vom Denkmalamt geblieben? Sie waren nirgends mehr zusehen. Ich zuckte mit den Schultern und folgte den anderen. Ich musste nicht alles wissen und schon gar nicht verstehen.

Eine Meinung, die ich am nächsten Tag schon nicht mehr vertreten würde.

5

Flehingen, 21. August 2016. „Du hast den Heiligen Gral gefunden?“, fragte ich ungläubig, geradezu in einem ehrerbietenden Flüsterton. Um schon deutlich lauter zu fragen: „Und hast mir nichts davon erzählt?“

Joachim verschluckte sich vermutlich durch meine unerwartete Reaktion an seinem Kaffee.

„Erwischt!“, dachte ich.

„Nein, natürlich habe ich nichts gefunden. Wer behauptet denn so etwas?“, versuchte er sich schwer nach Luft ringend zu verteidigen.

Leugnen war allerdings zwecklos. Als Beweis hielt ich ihm die neueste Ausgabe der „Badischen Neuesten Nachrichten“ vor die Nase. „Na, hier steht es doch. Schwarz auf Weiß!“ Wütend warf ich ihm die Zeitung ins Gesicht. Sie landete prompt auf seinem Frühstücksei. Aber das war mir egal! Da fand mein Mann den Heiligen Gral. Das Symbol für ... ja was denn ...? Das, der Templer, genau. Das Symbol für ewige Jugend, Macht, Glaube. Waren nicht selbst die Nazis hinter ihm her gewesen? Da gab es doch eine spezielle Sondereinheit. Hatten sie nicht schon den Bau einer Gralsburg geplant? Der Heilige Gral hier in Flehingen! Das war die Entdeckung des Jahrhunderts, nein des Jahrtausends! Und was macht mein Mann, er erzählt es mir nicht!

„So ein Quatsch! Welcher Idiot schreibt so etwas!“, brüllte Joachim wütend und warf die Zeitung auf den Boden. Zornig stand Joachim auf und lief achtlos über das zerknitterte Stück Papier. Lief aus der Küche, kam zurück, hob die Zeitung auf und verschwand mit ihr.

Voller Unruhe, zugegeben dieses Mal wirklich von Neugierde geplagt, frühstückte ich zu Ende und wartete ungeduldig darauf, dass Joachim seinen Gartenrundgang beendete. Durch das Küchenfenster konnte ich ihn dabei beobachten, wie er wild mit den Armen und der in seinen Händen befindlichen Überresten der Zeitung gestikulierte. Dann knüllte er die BNN zusammen und versetzte ihr einen wütenden Fußtritt.

Auf dem Nachbargrundstück wurden die Gardinen bereits zur Seite geschoben. Die Fenster einen spaltbreit geöffnet. So etwas bekam man hier nicht alle Tage geboten. Hatte Joachim verhindern wollen, dass die Entdeckung des Grals oder was auch immer ein Geheimnis blieb, so hatte er mit seiner Aktion genau das Gegenteil bewirkt. Im Augenblick schien es, als ob er tief ein- und ausatmete. Danach drehte er sich langsam in Richtung Haus um. Mit hängenden Schultern und völlig zerzausten Haaren kam er zu mir in die Küche zurück. Die Zornesröte war ihm allerdings noch ins Gesicht geschrieben. Daher hielt ich es für ratsamer, nichts zu sagen und weiter an meinem Kaffee zu nippen.

Nach einer ewig erscheinenden Weile fragte ich aber doch: „Der Gral?“

Joachim antwortete mir nur mit einem leichten Zucken seiner Schultern. Deutlich konnte ich spüren, wie er mit sich rang. Gerade so als wollte er mir keine Antwort geben, weil er sie wohl selber nicht kannte. Er schien unsicher.

„Weißt du es nicht oder willst du die Wahrheit gar nicht wissen?“, fragte ich leise.

Joachim drehte weiterhin seine Runden. Nun aber um den Küchentisch. In diesen Momenten verfluchte ich die Idee, anstelle einer Eckbank unbedingt einen runden Küchentisch angeschafft zu haben. Mehrmals hielt er bei seiner Umrundung inne, holte Luft, wollte zum Sprechen ansetzen, zuckte nur erneut mit den Schultern und lief weiter.

„Das kann ja heiter werden", dachte ich.

„Was wäre denn, wenn er es tatsächlich wäre?", meinte Joachim und sah mich dabei an. Müde stützte er sich auf die Stuhllehne meines alten Küchenstuhls. Seine Finger schienen sich in das Holz festzukrallen. „Seit Jahrhunderten wird nach dem Heiligen Gral gesucht. Angenommen es gibt ihn wirklich und dieser Kelch ist es, was dann? Die Templer wurden letztendlich wegen ihm verfolgt, getötet und zerschlagen. Glaubst du die Menschheit ist nun achthundert Jahre später reifer? Es würde mich nicht wundern, wenn morgen der Erste von uns tot wäre!"

„Na, nun übertreib mal nicht!", rief ich empört. Sah mich aber dennoch vorsichtshalber um.

Joachim sah mich ernst an. Seine Stirn lag in tiefen Falten. Sein Blick war klar und hart. „Wieso nicht?", fragte er scharf. Schob den Stuhl vom Tisch weg, setzte sich bedächtig darauf und sah mich erschreckend ernst an. „Natürlich glauben wir alle heutzutage, wir seien aufgeklärt und allwissend. Wer hat nicht ‚Indiana Jones, der letzte Kreuzzug' gesehen oder ‚Dan Brown' gelesen und darüber geschmunzelt. Aber Fakt ist, irgendeiner wird sich finden, der den Kelch in seine Finger bekommen will. Egal was er dafür tun muss. Verschwörungstheoretiker gibt es immer. Ich kann nur hoffen, dass es nicht so schnell an die Öffentlichkeit dringt, geschweige denn, dass irgendeine Untersuchung die Echtheit des Kelches bestätigt. Ich frage mich sowieso, wie man die Echtheit bestimmen will.

Wo steht geschrieben, wie der Kelch, mit dem das Blut Jesu bei seiner Kreuzigung aufgefangen wurde, aussah? Fotos gab es ja damals zum Glück noch nicht."

Irritiert sah ich meinen Mann an. Das musste sich erst einmal in mir setzen. Ich verstand ihn einfach nicht. Da hatten sie womöglich die Entdeckung des Jahrhunderts, was sag ich des Jahrtausends, der Menschheit gemacht und dann freute er sich nicht einmal. Zugegeben, was diese sogenannten Gralsjäger oder ganz zu schweigen, die Nazis, angestellt hatten, um den Heiligen Gral zu finden, war schon beängstigend. Behutsam lehnte ich mich über den Tisch und griff nach der Hand meines Mannes. Lächelnd sah ich ihn an.

„Vielleicht solltet ihr euch darüber austauschen, damit nichts Unüberlegtes nach außen dringt. Ich verspreche dir, wenn mich jemand danach fragt, weiß ich von rein gar nichts!"

Für einen kurzen Augenblick blitzte in seinen Augen der Schalk auf. „Du weißt von nichts? Wirklich?"

„Aber hallo, das ist doch die Höhe, ich kann schweigen wie ein Grab", brummte ich und schob meine Schmolllippe vor.

Joachim dagegen stand auf. „Du hast recht. Ich fahre kurz ins Institut nach Karlsruhe und versuche zu erreichen, dass man die Zeitung bittet, ihren Artikel zu dementieren."

„Gute Idee", meinte ich hoffnungsvoll und reichte ihm die Autoschlüssel, die ich noch vom Brötchenholen in meiner Hosentasche hatte. Joachim nahm sie schweigend, küsste mich schon fast geistesabwesend auf meine Stirn und ging Richtung Haustür. Mich dagegen zog es mit einer inzwischen kalt gewordenen Tasse Kaffee ins Wohnzimmer. Dort befand sich nämlich mein Schatz. Ein Bücherregal, das sich über die ganze Zimmerbreite erstreckte. Übervoll mit Büchern. Alte und neue, zerschlissene und wenig gelesene. Von den älteren ging noch dieser besondere Duft aus, den man in jeder Bibliothek oder jedem Antiquariat schnuppern kann. Sie rochen nach Buchbindeleim, nach Druckerschwärze, nach Handarbeit.

Hier irgendwo zwischen all meinen Lieblingen musste auch ein Buch über die Templer, den Gral und ihre Geschichte sein. Kurze Zeit später war ich fündig geworden. Es waren insgesamt sogar vier Bücher, die ich zu diesem Thema fand. Mit ihnen ging ich auf die Terrasse, machte es mir im Liegestuhl bequem und tauchte ab in eine weit zurückliegende Epoche. Ich fand mich wieder in den staubigen engen Gassen von Jerusalem, hörte das Geschrei der Händler, nahm den Duft der orientalischen Gewürze wahr und sah die Waren aus aller Herren Länder. Ich fand mich wieder in den geheimen Gängen, die die Templer unter den Felsendom auf der Suche nach der Bundeslade gehauen hatten. In ihren blutigen Schlachten mit Saladin. Schnell waren sie zu einem der größten und mächtigsten Ritterorden geworden. Mit einem eigenen Währungssystem und einem weit verzweigten Netz an Ordensburgen. Als die Zeit der Kreuzzüge vorbei war und die Kirche sie nicht mehr brauchte, wurden sie für Rom, mit ihrem Ordenssitz in Paris, zu einer tickenden Zeitbombe. Außerdem weckte der Reichtum der Templer bei dem hochverschuldeten französischen König Begehrlichkeiten. Und so kam es, wie es kommen musste. Ich fand mich hundert Seiten später 1307 in Paris wieder. Genauer im Kerker Philipps des Schönen, in den er die Templer, Schafen gleich, die zur Schlachtbank geführt werden, foltern ließ. Ich las von den grausamen Taten und schien die Schreie der zum Tode verurteilten Templer, die auf den Scheiterhaufen brannten, zu hören. Mein ganzer Körper war mit einer Gänsehaut überzogen, als ich vom Fluch des letzten Großmeisters der Templer, Jacques de Moley, las, dass Papst Clemens V. und Philipp der Schöne von Frankreich ihm innerhalb eines Jahres in den Tod folgen würden! So geschah es dann auch.

Doch ob, und wenn ja, wo es den Heiligen Gral gab, erfuhr ich nicht. Jedes der vier Bücher warf eine andere Theorie darüber auf. Die Templer hätten ihn in einen der vielen Gänge unter der heutigen Al-Aqsa-Moschee zusammen mit der Bundeslade versteckt. Eine weitere besagt, dass er in einer der Höhlen im Languedoc/Südfrankreich, das altes Templer-Land war, noch zusammen mit ihrem berüchtigten Templer-Schatz liegt. Andere Quellen besagen, dass jene Templer, die Philipps Häscher entfliehen konnten, ihn mit nach Portugal nahmen, wo eine Verfolgung ihres Ordens nicht stattfand und er noch heute weiter existiert oder gar mitgenommen wurde bis nach Schottland. Das war die Version, die mir am besten gefiel. Die Highlands, Nessie ... wer weiß, vielleicht bewacht sie ihn gar? Sogar nach Deutschland soll er auf Umwegen gelangt sein. Aber wohin genau, da schweigen sich die Quellen aus. Interessant fand ich ebenfalls, dass die Templer den Vorläufer der Reisechecks erfunden hatten. Und was den Tempelberg betraf, so hatten sie ihn durch ihre Ausgrabungen nicht nur durchlöchert wie Schweizerkäse, nein, sie hatten damals sogar Moslems im Felsendom gestattet, neben ihnen zu beten, vorausgesetzt, sie würden es leise tun. Diese Beziehung zu den Moslems war es dann, die Rom zum Anlass nahm, sich der mächtig gewordenen Ordensritter zu entledigen.

Als Joachim am Abend zurückkam, hatte ich mich bereits ins Wohnzimmer verzogen. Dort fand er mich noch immer in meine Lektüre vertieft vor. Neugierig setzte er sich zu mir auf die Coutch, legte seinen Arm um mich und steckte seine Nase in das Buch. „Siehst du was ich meine, kaum ist die Rede vom Gral und schon betreibst selbst du Nachforschungen."

„Aber hallo. Rein wissenschaftlich", konterte ich aufgebracht und war meilenweit von den Hirngespinsten entfernt, in denen Hollywood oder Dan Brown die Templer und ihr Erbe darstellten. „Wusstest du, dass sie in Deutschland nicht in dem Ausmaß verfolgt wurden wie in Frankreich? Anfänglich hat man es ansatzweise, beinahe zaghaft versucht, aber dabei blieb es auch. Da gibt es eine ganz amüsante Anekdote dazu. Hier steht: ‚Als der Bischof von Metz die deutschen Templer unter Hugo von Gumbach vor Gericht lud, spielte sich eine bühnenreife, nibelungenartige Szene ab. Hugo von Gumbach platzte zusammen mit 20 handverlesenen kampferprobten Tempelrittern in voller Rüstung, bis zu den Zähnen bewaffnet, in den Gerichtssaal. Dort erklärten sie dem verdutzten Bischof, dass Papst Clemens des Teufels sei und abgesetzt werden müsse. Die Anschuldigungen gegen die Templer seien Unfug und im Übrigen seien er und seine Kumpanen bereit, sich dem Gericht zu stellen. Allerdings nicht kampflos, sondern hier und jetzt, Mann gegen Mann. Das Gericht war über die Entschlossenheit so entsetzt und entschloss sich, den Fall zu vertagen. Wie sich herausstellte auf den Sankt-Nimmerleins-Tag. Der Großteil der deutschen Templer schloss sich 1314 dem Deutschherren Orden in Ostpreußen an'."

„Ja, das hat was", pflichtete Joachim mir bei.

„Und? Hattest du Erfolg?", wollte ich wissen und sah ihn an.

„Abwarten. Auf jeden Fall war es einen Versuch wert. Doch jetzt gehe ich erst einmal unter die Dusche, um mir den Staub der Jahrhunderte abzuwaschen!", erklärte er mit einer äußerst theatralischen Geste, gab mir einen Kuss und verschwand, um in den Fluten zu verschwinden. Ich dagegen versank wieder in der Welt der Templer, den Ordensrittern mit ihren weißen Mänteln und dem roten Kreuz darauf. In die Welt des Bernhard von Clervaux bis hin zu den Rosenkreuzern und Freimaurern.

Diese Reise muss äußerst anstrengend für mich gewesen sein, denn als Joachim blütenrein gewaschen zurückkam, fand er mich unter Büchern begraben, schlafend auf der Couch vor.

„Wo gibt es so etwas. Da nehme ich mein alljährliches Bad“, scherzte Joachim „und du schläfst einfach auf der Couch ein.“ Völlig schlaftrunken blinzelte ich ihn an. „Na komm, meine Süße“, meinte er zärtlich „lass uns schnell zu Bett gehen. Die Kinder schlafen bereits tief und fest.“ Etwas, was sich im Sommer leider sehr schnell ändern konnte. Quasi mit dem ersten Donnerschlag eines herannahenden Gewitters.

„Ich würde das gerne ausnutzen“, säuselte er mir ins Ohr. Hob mich ritterlich von der Coutch auf und trug mich ins Schlafzimmer.

Schwül drückte die schwere Luft, die sich nach diesem heißen Sommertag, selbst jetzt in den späten Abendstunden nicht abkühlen wollte, durch das weit geöffnete Schlafzimmerfenster. Kein Lüftchen, nicht einmal ein Hauch, bewegte die leichten Chiffonschals rechts und links am Fenster. Unruhig wälzte ich mich im Bett. Mein Leinenlaken, ein heißgeliebtes Erbstück von meiner Ur-Großmutter, wurde unsanft von mir hin und her geworfen. In der Ferne Richtung Bruchsal erleuchtete ein Wetterleuchten den Horizont. Während ich angespannt auf fernes Donergrollen lauschte, geschah es. Ein Knall! Ein Schuss ließ mich hochschrecken.

„Joachim!“, rief ich und rüttelte an meinem Mann, der seelenruhig neben mir schlief. „Wach auf! Was war das?“

„Frau Braun“, murmelte er schlaftrunken.

„Wie bitte? Frau Braun? Seit wann hat die denn ein Gewehr?“, erwiderte ich völlig ungläubig. Rasch schlug ich mein Laken auf die Seite, sprang aus dem Bett und lief zum offenen Fenster.

Da sah ich es! Ein Bild, das sich nicht mehr aus meinem Kopf verbannen lassen würde! Frau Braun im äußerst knappen Bikini! Eine Sektflasche in der Hand. Um den Hals trug sie eine Hippie Kette aus Holzperlen und Stoffblumen. Auf ihrem

Kopf, mit den offenen langen Haaren – und nicht wie üblich mit Dutt –, entdeckte ich einen Blütenkranz. Was ihr neuer Lebensabschnittsgefährte trug oder ob er überhaupt etwas trug, verdeckte glücklicherweise die Hecke, die unser Grundstück von dem von Frau Braun trennte. Dem Gekichere nach hatte unsere liebe Nachbarin schon mehr als nur ein Gläschen Sekt intus. Als auch Frau Braun meinem Blickfeld entschwand und das Gekichere in ein wohliges Seufzen überging, begab ich mich lieber wieder brav unter meine Decke.

„Was machen die beiden da?", fragte ich Joachim völlig perplex.

„Was heißt hier – was? Ich frage mich, wie die das in ihrem Alter machen und vor allem warum und auch noch bei dieser Hitze", brummte es unter Joachims Laken hervor.

„So meinst du", flüsterte ich und kuschelte mich trotz dieser tropischen Sommernacht an ihn. Da fing es zu donnern an. „Endlich Abkühlung!", seufzte ich. Gerade als ich mich noch enger an Joachim anschmiegen wollte, klopfte es zaghaft an der Schlafzimmertür.

„Mami, es donnert. Ich hab Angst!", piepste mein Jüngster hinter der Tür.

„Na, dann komm rein." Sofort öffnete sich die Tür und anstelle meines Jüngsten standen da alle drei Kinder. Jedes mit einem Plüschtier unter dem Arm, außerdem noch unsere drei Katzen und ganz unten, zwischen zwei Kinderbeinen, lugte noch eine kleine Dackelschnauze hervor.

„Ich geh ja schon auf die Couch", brummte Joachim. „Hier ist mir zu viel los."

„Danke, mein Schatz", hauchte ich liebevoll und ließ die ängstliche Meute zu mir ins Bett. Der Donner übertönte zum Glück Frau Brauns Freudenschreie. Ganz langsam setzte der Regen ein. Erst waren es nur ein paar Tropfen, doch dann wurden es immer mehr. Bis es zu einem schönen Landregen wurde, der uns in den Schlaf wiegte.

Nachdem ich mich am nächsten Morgen ausgiebig mit meiner Wohnung beschäftigt hatte (Putzen macht den Kopf frei.), fiel mir auf, dass ich Joachim gar nicht nach dem Aussehen des Grals gefragt hatte. Und woher wollten sie eigentlich wissen, dass es der Gral war? Ein rascher Blick auf die BNN zeigte mir, dass sie den gestrigen Artikel dementiert hatten und den Leser um Entschuldigung baten. Unschlüssig darüber, ob ich wie ein Jagdhund die Fährte weiter verfolgen oder den sauberen Zustand meiner Wohnung genießen sollte, drückte ich auf den Knopf meiner tollen, neuen Kaffeemaschine. Bei heißem Kaffeedampf fühlte ich mich in solchen Situationen wie das Orakel von Delphi, das über einer Spalte gesessen haben soll, aus der Dämpfe emporstiegen. Jede Generation hatte so ihren Hasch! Bei mir war es eindeutig Kaffee und Schokolade. Meine Kinder waren im Kindergarten und in der Schule und Joachim bereits im Schloss, was für mich bedeutete, ich konnte meine frisch geputzte Wohnung in ihrem glückichen Zustand alleine lassen. Ich schnappte mir meinen Schlüsselbund und lief rasch den Senselberg hinunter, geradewegs auf das Schloss zu. Das Dementi der Zeitung hatte wohl nicht gewirkt. Vor dem Haupteingang des Schlosses, mit seinen vier imposanten Ecktürmen, wimmelte es nur so von Menschen. Da war es wohl für mich angebracht, zum Hintereingang zu schleichen.

„Abgeschlossen! So ein Mist!“ Es blieb mir nichts anderes übrig, als mein Handy zu schnappen und Joachim um Einlass zu bitten. „Was ist hier bloß los?“, fragte ich ihn beinahe panisch.

„Presse, Neugierige, Besserwisser, Esoteriker, was magst du noch?“, motzte Joachim.

Oha da ist einer aber schlecht gelaunt, dachte ich bei mir.

Oberhalb des ausgegrabenen Innenhofes angelangt, hielt ich erstaunt inne. Da unten wimmelte es nur vor Mitarbeitern des Denkmalamtes. Mit einem raschen Seitenblick auf Joachim wurde es mir schlagartig klar. Sie ließen ihn nicht mehr mitspielen. Ich meine natürlich, nicht mehr an der Ausgrabung teilhaben. Zusammen setzten wir uns auf den Rand der Ausgrabung und ließen unsere Füße baumeln.

„Du", fing ich an, „was ich gestern vergessen habe zu fragen, wie sieht er denn aus, der Gral?"

„Ein schlichter Silberkelch mit einfachen Punzierungen am oberen Rand." Joachims beleidigter Blick sprach Bände. Es fehlte nur noch der Schmollmund und ich hätte meinen Jüngsten in Groß neben mir sitzen.

„Und woher wollt ihr wissen, dass er es ist?"

„Weil er in einer Schatulle aufbewahrt war, die mit den Insignien der armen Ritterschaft vom Tempel Salomoni verziert war."

„Der bitte, was?"

„Der Templer. Ich denke, du hast gestern Bücher über sie gewälzt?", meckerte Joachim.

Stimmt, das war mir jetzt aber peinlich. „Aha. Aber die waren doch 1.000 Jahre nach Christi. Wer sagt euch, dass der Kelch älter ist?"

„Also du kannst Fragen stellen", brummte Joachim.

„Habe ich von unseren Kindern", lachte ich leicht gekränkt.

„Der Typ vom Denkmalamt. Dieser Thomas von Maren ist Experte für Funde in und um Jerusalem."

Nur für dumme Hausfrauen wie mich, was macht der dann hier im tiefsten Kraichgau, dachte ich. Ich hasste es, meinen Kindern oder ihrem Vater alles aus der Nase ziehen zu müssen. „Also, ihr findet den Kelch ...", setzte ich nochmals hoffnungsvoll an.

„Ich fand den Kelch!“, unterbrach mich Joachim schroff. „Ich habe ihn da hinten im rechten Eckturm in einem kleinen verborgenen Gewölbe entdeckt.“

„Du? Und dann lassen sie dich nicht mehr mitbuddeln?“ Ups, das war mir so rausgerutscht! Vor lauter Ärger registrierte Joachim es aber erst gar nicht.

„Genau und dann stürzt sich dieser von Maren gleich drauf und verkündet die Sensation.“

So, so, meinte ich und dachte, da ist doch etwas faul im Staate Dänemark.

„Und nochmals, für so Dumme wie mich: Wie kommt ein Kelch von Jerusalem in einer Kiste mit Templerinsignien fast 2000 Jahre nach Christi Tod nach Flehingen?“ (Nicht dass Flehingen nicht der Nabel der Welt wäre ...)

„Nun, es gibt alte Schriften, die besagen, dass der Templerschatz eine Nacht vor der Verhaftungswelle der Templer aus Paris fortgeschafft worden ist und damit auch der Heilige Gral.“

Mein Kopf begann beim Nachdenken zu rauchen. „Ich weiß, das habe ich ja gestern alles gelesen. Aber, das machte mich schon beim Lesen stutzig, es waren doch bestimmt Templer, die den Schatz in Sicherheit brachten. Angenommen es ist überhaupt so passiert. Wie wollen die dann der Großrazzia und der damit verbundenen Verfolgung entkommen sein? Sie waren doch von einem Moment auf den anderen Freiwild.“

Joachim sah mich mit hochgezogenen Augenbrauen an.

„Ich bin der Meinung, Philipp der Schöne hat sich den Schatz mitsamt dem Gral gekrallt und seine Schulden damit bezahlt, ehe er aufgrund des Fluches von Jacques de Molay gestorben ist,“ meinte ich zu Joachim. Ich konnte das nicht so einfach stehen lassen. „Einmal angenommen er hat recht, der Gral verschwand, wurde in Sicherheit gebracht, ist verschollen. Warum dann aber ausgerechnet Flehingen?“

Joachim zuckte mit den Schultern und ließ sie hängen. Der Ärmste, sie ließen ihn nicht weiterbuddeln und da war ihm eben dann alles gleichgültig. Ich hakte mich bei ihm unter. Ich ließ nicht locker.

„Hör mal, das geschah alles in Frankreich dreizehnhundertnochwas. 1504 wurde dieses Wasserschloss von den Schwaben, weil wir, wie du ja weißt, bei der Belagerung Brettens geholfen haben und Ulrich von Württemberg abziehen musste, abgefackelt. Wie kann denn dann der Gral hier versteckt sein?"

„Das ursprüngliche Schloss ist ja nicht ganz abgebrannt", entgegnete Joachim. „Mehr oder weniger nur das Fachwerk und das Dachgeschoss. An den Mauern kannst du noch die Brandspuren erkennen. Eine andere Erklärung sind die französischen Nonnen, die in den Wirren der Reformation hier Schutz gesucht haben. Sie stammten aus einem Zisterzienserkloster, das einst den Templern gehörte. Nach deren Auflösung durch Papst Clemens haben die Nonnen offiziell, gegen alle Widerstände, das Erbe der Templer sogar weitergeführt."

Ich merkte, Joachim wollte an die Echtheit des Grals glauben. Zärtlich gab ich ihm einen Kuss. „Es wird alles gut, mein Schatz. Dafür werde ich sorgen. Wo ist der Gral jetzt eigentlich? Ist er noch hier? Kann ich ihn sehen?"

Joachim nickte und stand auf. Wenige Minuten später hielt ich ihn in den Händen. Den Gral!

Würde jetzt etwas mit mir passieren? Würde ich klüger? Mächtiger? Unsterblich?

6

Flehingen, 9. November 1938. Das Zimmer lag im Dunkeln. Denn nun Anfang November war es bereits um sechs Uhr abends dunkel. Eine unheilvolle Stille lastete auf dem Zimmer, in dem die Familie, wie versteinert saß. Selbst als das Telefon, das auf einem kleinen Tischchen im Flur stand, klingelte, löste sich keiner aus seiner starren Haltung. Lediglich ihre Blicke wanderten unruhig von einem zum anderen. Der Älteste der vier Erwachsenen seufzte auf und ging letztendlich hinaus. Hob den schwarzen Hörer ab und versuchte möglichst gefasst zu klingen. „Weingärtner". Am anderen Ende der Leitung klang die raue Männerstimme angespannt, geradezu panisch, aber dem Umstand entsprechend so leise wie es eben nur ging.

„Ich habe verstanden. Vielen herzlichen Dank. Geben Sie auf sich acht. Shalom. Gute Nacht", verabschiedete sich Heinrich Weingärtner und legte den Telefonhörer bedächtig auf die Gabel des schwarzen Telefonapparates. Als er über seine Schulter blickte, sah er geradezu in die Augen seiner Schwiegertochter Erna, die ihm, mit einem ihrer kleinen Buben auf dem Arm, in den Hausflur gefolgt war.

„Mutter soll die Buben nach oben bringen. Sie aber mit ihren Kleidern in die Betten legen", bat er sie.

„Du glaubst doch nicht etwa ...", unterbrach ihn seine Schwiegertochter mit ängstlicher Stimme.

„Anscheinend doch. Packt vorsichtshalber für jeden eine Tasche. Und benachrichtigt alle aus unserer Gemeinde. Sie sollen sich in Sicherheit bringen. Ich gehe derweilen in die Synagoge und hole die Thorarollen." Mit diesen Anweisungen ließ er Erna in dem dunklen, kalten Flur zurück.

Vorsichtshalber verließ er das große Sandsteinhaus durch die Hintertür. Mit einem dumpfen Ton fiel die schwere Eichentüre ins Schloss. Festen Schrittes, um sich selbst dadurch Mut zuzusprechen, lief er rasch über den Hof, blieb an der vorderen Ecke der benachbarten Synagoge stehen, lauschte und eilte zur Eingangstreppe. Rasch erklomm er die acht Stufen, schloss eilig die große Holztüre auf, um sie sofort nach seinem Hindurchschlüpfen so leise wie ihm es möglich war, zu schließen. Einen kurzen Moment hielt er inne, um sich mit dem Rücken zur Tür anzulehnen. Er schloss die Augen, nahm alle Gerüche und Geräusche des großen, aus Sandstein erbauten Gebetshauses wahr.

„Oh mein Gott!", flehte er mit leiser Stimme „Bitte hilf uns! Lass mich nicht in meinen Nachbarn, Freunden und Mitmenschen getäuscht haben. Schütz dein Volk, Jahwe!"

Danach atmete er tief durch, stieß sich von der Tür ab, durchschritt ehrfürchtig den dunklen Raum und holte die Thorarollen aus ihrem Schrein und barg sie vorsichtig in seinen Armen. Schlüpfte erneut, beinahe wie ein Dieb, durch die Türe und glitt, einem Schatten gleich, in sein Haus zurück.

Es waren dunkle Schatten, die sich in dieser Nacht über das Land, die Städte und Dörfer legten. Manche Schatten warfen im Schein der vielen gelegten Feuer Fratzen an die Hauswände. Andere brannten sich in die Seelen der Menschen ein. In Flehingen legte sich die dunkle Nacht über den Ort. Alles blieb ruhig.

Als der Hahn am nächsten Morgen krähte, begann man aufzuatmen. Ganz im Glauben, man wäre den grausamen, menschenverachtenden Geschehnissen entkommen.

Die Schritte im Korridor waren so laut, dass man sie im Zimmer des Anstaltsleiters vernehmen konnte. Es musste jemand mit Reitstiefeln sein, der mit energischem Schritt auf dem Marmorboden entlang lief. Direktor Tiedemann und die ihm am Schreibtisch gegenübersitzenden Personen schauten erwartungsvoll auf die Tür. Sie wurde von einem verschüchtert wirkenden Mann geöffnet. Gerade so weit, dass es ihm möglich war, sich durch den Spalt hindurchzuzwängen. Möglichst geräuschlos schloss er sie. Beinahe ebenso leise erklärte er sein verschüchtertes Auftreten. „Entschuldigen Sie Herr Professor Tiedemann, aber im Korridor ist ein Mann von der SA, der sie sprechen möchte."

Mit weit aufgerissenem, sein Erstaunen zeigenden Blick sah Tiedemann vom Pförtner zu der ihm gegenüber sitzenden Nonne, Schwester Salvatoris, und zu seiner rechten Hand, dem Anstaltsaufseher Wilhelm Bausch. Reflexartig sahen sich alle drei nach verdächtigen Dingen im Raum um. Tiedemann erklärte: „Wir gehen besser zu dem Mann hinaus."

Schwerfällig stand er aus seinem Ledersessel hinter dem wuchtigen Schreibtisch aus Nussbaum auf. Bausch folgte ihm mit gerunzelter Stirn nach draußen. Die SA im Schloss zu haben, verhieß nichts Gutes.

Im Korridor wartete ein aufgebrachter SA-Mann auf sie. Professor Tiedemann sah ihn abschätzend an. Seine Uniform war zerknittert und an einem Hosenbein hatte er Brandspuren. Dem schweren Ledermantel entnahm er, dass er mit dem Motorrad unterwegs war. Sein Haar war gekämmt, aber um die Augen zeichneten sich Augenringe ab. Der SA-Mann fuchtelte wild gestikulierend mit den Armen vor ihm und fauchte ihn an: „Gibt es eine Erklärung dafür, dass die Synagoge nicht wie alle anderen im Deutschen Reich heute Nacht in Flammen aufgegangen ist?"

Tiedemann baute sich in seiner vollen Größe auf. Eine stattliche Erscheinung, die von seinen Zeitgenossen oftmals durch sein gutmütiges Aussehen unterschätzt wurde. „Ich bin hier für die Erziehungsanstalt mit ihren 130 Insassen zuständig und nicht für das Geschehen draußen. Die kommunale Politik geht mich nichts an", gab ihm Tiedemann mit einem scharfen Unterton unmissverständlich zur Antwort. „Bei denen sich in meiner Obhut befindlichen Zöglingen kann ich mir solche gefährliche Aktionen nicht leisten."

Der SA-Mann sah ihn erstaunt an, schien aber rasch zu verstehen. Kleinbeigeben wollte er aber auch nicht und blaffte daher Tiedemann an: „Ich verstehe. Ich hoffe aber dennoch, dass Sie dem Aufruf zur Vernichtung entarteter Kunst und nicht deutschem Schriftgut Folge geleistet haben."

„Was erwarten Sie. Wir befinden uns in einem alten Wasserschloss mit schwer erziehbaren jungen Männern. Ein Feuer ist das Letzte, was wir hier gebrauchen können", entgegnete Bausch aufgebracht.

„Na, dann haben Sie jetzt die Gelegenheit, dem Aufruf des Führers folge zu leisten. Die Synagoge wird ein schönes Feuerchen abgeben, in dem die Bücher gut brennen werden. Oder sollte ich gezwungen sein Meldung zu machen, dass diese Erziehungsanstalt nicht im Sinne des Führers und der Partei geleitet wird?"

Tiedemann und Bausch liefen rasch zum nächsten Fenster, welches ihnen den Blick auf die Hauptstraße und die schräg gegenüberliegende Synagoge mit angrenzender Schule der israelitischen Gemeinde Flehingen freigab. Tiedemann war sich dem Ernst der Lage sofort bewusst, schluckte den bitteren Geschmack der Verachtung hinunter, drückte seinen Rücken durch, setzte ein Lächeln auf und drehte sich zu dem SA-Mann um.

„Woher kommen Sie eigentlich?", fragte er völlig belanglos.

„Wir sind eine Motorradstaffel aus Pforzheim-Eutingen und glücklicherweise rein zufällig durch Flehingen gekommen. Dadurch können wir das Fehlverhalten in der letzten Nacht noch zurechtrücken!", kam es stolz zur Antwort.

Diese belanglose Frage hatte Tiedemann Zeit genug gegeben, seine Gedanken in die richtigen Bahnen zu lenken. Beinahe im Plauderton fuhr er fort: „Wir werden natürlich unter diesen Voraussetzungen dem Wunsch des Führers Folge leisten. Viel haben wir sowieso nicht hier im Schloss an entarteter Kunst oder diversen Schriften. Schließlich sind wir eine Fürsorgeanstalt. In einer halben Stunde dürfte alles gerichtet sein. Ich werde allerdings nur Personal zur Synagoge schicken."

Der SA-Mann grinste zufrieden.

„Unser Pförtner wird Sie gerne hinausbringen."

„Heil Hitler!", antwortete der SA-Mann und salutierte mit den Hacken und dem Hitler-Gruß. Drehte sich um und verschwand ebenso geräuschvoll wie er gekommen war. Der Klang seiner Stiefel auf den blankgeputzten Marmorfliesen halte noch lange in den Ohren der beiden Männer nach.

„Carl, du willst doch nicht wirklich?", fragte Bausch entsetzt.

„Ja und nein!", antwortete Tiedemann gereizt. „Ruf mir die Schwestern zusammen und zwei äußerst verschwiegene Jungen. Sie sollen kleine Kisten aus der Schreinerei mitbringen. In der Zwischenzeit versteckst du bitte die Bilder. Die drei schlechtesten bringst du aber zur Synagoge. Und schick um Himmelswillen Erich weg. Irgendwohin, wo er nichts mitbekommt. Nicht dass er sich verplappert und Ärger bekommt. Sage ihm, bitte, ich erkläre es ihm, sobald der Spuk vorbei ist." Tiedemann drehte sich um und ging ohne zu zögern oder eine Antwort abwartend in sein Büro.

Wilhelm Bausch hingegen stand für eine kurze Schrecksekunde wie ein begossener Pudel da. Sobald er wieder einen klaren Gedanken fassen konnte, rannte er förmlich in die Waschküche zu den Schwestern. Schickte zwei der jüngeren Nonnen zu Tiedemann. In der Schreinerei fand er die gewünschten Kisten. In den Stallungen rief er nach zwei Jungen, die gerade mit dem Striegeln der Pferde beschäftigt waren. „Geht sofort zu Professor Tiedemann. Aber ich verlasse mich darauf, dass alles, was dort passiert, niemanden außer euch zu interessieren hat. Ihr versteht was ich meine?"

Die beiden jungen Männer nickten. Sie waren kurz vor ihrer Entlassung und wussten, was für sie auf dem Spiel stand. Auch fühlten sie sich dem Herrn Professor für sein offenes und korrektes Verhalten ihnen gegenüber verpflichtet. Sie hatten Fehler gemacht. Fehler weswegen sie hier waren. Fehler, die sie nicht mehr machen wollten. Sie legten die Striegel weg, zogen die Stallstiefel aus und rannten barfuß ins Schloss. Bausch sah ihnen erleichtert nach. Von der Hauptstraße drang Geschrei an sein Ohr.

„Die Bilder verdammt!", fluchte er laut. Völlig außer Atem kam er in der über der Schreinerei gelegenen Dachkammer an.

Fahl fiel das Licht durch die Fensterscheiben im Dach. Während sich vier der Zöglinge in einer Dachluke drängten, um einen Blick auf das Geschehen gegenüber am Kohlbach zu haben, stand Erich ganz in seine Arbeit vertieft an einer Staffelei.

„Raus hier, alle Mann!", brüllte Bausch. „Schickt euch in den Stall, die Pferde müssen gestriegelt werden." Energisch zog er die Jungen vom Fenster weg und schob sie Richtung Tür. Zuerst widerwillig, dann aber, durch die Panik, die in den Augen des Anstaltsaufsehers zu lesen war, leisteten sie der Anweisung Folge. Erich legte seinen Pinsel zur Seite und sah beinahe wie aus einem Traum gerissen aus.

Wilhelm Bausch versuchte ihn zu beruhigen: „Mein Junge, es ist besser du gehst in das Schwesternhaus. In die Kapelle. Und du bleibst dort bis ich oder Professor Tiedemann dich holen. Frag bitte nicht. Und kein Sterbenswort zu einem Außenstehenden über diesen Raum hier. Verstanden?"

Erich nickte bleich und verschwand Raubkatzen gleich in der kleinen Tür, die die einzige Verbindung zur Wendeltreppe herstellte.

Bausch sah sich gedankenverloren um. Was sollte er tun? Drei Bilder! Nur welche? Egal, er griff nach dreien von denen er wusste, dass sie als modern und somit bestimmt als entartet galten, stellte sie in die Tür und wandte sich den anderen zu. Über der Tür griff er in eine versteckte Halterung und ein Teil der Deckenverkleidung löste sich. In den dahinter befindlichen Hohlraum schob er unter Aufbringung seiner ganzen Kräfte sämtliche rasch in Leintücher gewickelten Bilder, die er finden konnte. Schnappte sich außerdem sämtliche Kunstbücher und Ausstellungskataloge, die ihm in die Finger kamen, steckte sie in die Hohlräume zwischen den Dachsparren. Wenn er später mehr Zeit hätte und diese verdammten Nazis verschwunden waren, würde er alles besser verwahren. „Es ist nur vorübergehend. Das ist alles nur ein schlechter Spuk, der irgendwann einmal vorbei sein muss", sagte er sich immer wieder. „Es gibt keine entartete Kunst, nur schlechten Kunstgeschmack!"

Erich war in der Zwischenzeit die Wendeltreppe hinunter gesprungen. Nun schlich er sich neben an ins Schwesternhaus, hinauf in die kleine Kapelle unter dem Dach. Das Herz schlug ihm bis zum Hals. Was war passiert? Warum sollte er sich verstecken? Er hatte doch nur gemalt? Sein ganzes Leben schien nur aus Verstecken zu bestehen, seit die Nazis an die Macht gekommen waren und irgendjemand geäußert hatte, sein unbekannter Vater sei ein Jude. Wenn er unbekannt war, wie konnte man dann behaupten er sei Jude? Seine Mutter hatte ihn versteckt, weil er unehelich war. Das Jugendamt sperrte ihn vor der Gesellschaft weg, weil er keinen Schulabschluss und nachweisbare Herkunft hatte. Und Professor Tiedemann versteckte ihn inzwischen vor den Behörden, damit sie ihn nicht aufgrund seiner Behinderung mitnahmen. Dabei hatte er doch nur einen Sprachfehler. Aber er war doch auch ein Mensch. Ein Mensch mit Gefühlen. „Ein Mensch", wie der Herr Professor sagte, „mit einer Gabe für Formen und Farben."

Ängstlich kauerte Erich mit angezogenen Beinen auf einem Stuhl, der direkt an der Wand stand. Gerade so, als könne er in den Stuhl hineinschlüpfen.

Wilhelm Bausch schleppte schwer an den drei Bildern. Weniger wegen der Größe der Leinwände, sondern an der Leidenschaft, die er für die darauf dargestellte Kunst empfand und die nun vernichtet werden sollte. Die Kisten mit den Büchern standen im Eingang zur Synagoge und hatten bereits Feuer gefangen. Schweißperlen tropften von seiner Stirn, als er zusehen musste, wie verächtlich die Männer der SA-Motorradstaffel die Kunstwerke in die Flammen der inzwischen lichterloh brennenden Synagoge warfen.

Langsam, aber unaufhaltsam kletterten die Flammen empor. Von Dunkelrot in ihrer Mitte bis zu einem giftigen, rauchigen Gelb an der Flammenspitze züngelten sie empor. Gierig, mit einem lauten Zischen, fraß sich das Feuer durch das bunte Treiben auf der Leinwand. Brannte schwarze Löcher in einen gemalten Traum aus Farben. Zerfraß Sehnsüchte und die damit verbundenen tiefen Gefühle. Die Arbeit. Die Kunst. Und hinterließ ein schwarzes Häufchen Nichts, das der Wind als Spielball benutzte. Aufwirbelte und mit sich fortnahm.

Besorgt sah Bausch in die Flammen. Wie musste so etwas gestern Abend, im Dunkeln, in den Städten, aufgrund der Massen von Bildern und Bücher gewirkt haben? Hysterie! Ein wahrer Blutrausch konnte durch so etwas ausgelöst werden. Er hatte von den Ausschreitungen in Bretten gehört. Auch wenn es nun helllichter Tag war, so hoffte er, dass es in Flehingen ruhig bliebe.

Es war bereits später Nachmittag, als Porfessor Tiedemann ins Schwesternhaus kam.

Zaghaft klopfte er an und bat um Eintritt. Schwester Salvatoris führte ihn mit einem besorgten Gesichtsausdruck in die kleine bescheidene Gemeinschaftsküche der Schwestern. Am Tisch saß Erich gebeugt über einer bereits kalt gewordenen Tasse Tee. Eine Schwester redete auf den verstörten jungen Mann ein und bat ihn, doch vernünftig zu sein und endlich etwas zu essen oder zu trinken. Verschüchtert blickte er auf. Tiedemann nahm dies besorgt zur Kenntnis. Er hatte schon oft Zöglinge bekommen, die man lieber in eine Irrenanstalt als hierher gesteckt hätte. Doch er war sich sicher, dass es einen Weg gab, diesen verschlossenen, in einer anderen Welt lebenden Jungen zu helfen. Bei Erich war es die Kunst, das Malen, das ihm guttat.

„Entschuldige, dass ich dich so in Angst und Schrecken versetzt habe. Aber glaube mir, die Situation war auch für uns nicht einfach. Gerne würden wir euch zu eurer eigenen Sicherheit mehr abschirmen. Du brauchst aber keine Angst haben, sobald die Synagoge gelöscht und der Spuk vorbei ist, wird Herr Bausch die Leinwände wieder hervorholen. So lange wirst du allerdings wie die anderen im Stall oder auf dem Feld arbeiten."

Erich sah ihn mit großen, verängstigten Augen an. Nickte aber verständnisvoll.

„Wenn du mir versprichst, keine Dummheiten zu machen, werde ich dafür sorgen, dass du als Hilfskraft in die Kunsthalle nach Karlsruhe darfst."

Erichs Augen fingen an zu strahlen. Plötzlich saß er aufrecht am Tisch. Die Schwester schenkte ihm heißen Tee in den bereits kalten nach. „Trink endlich mein Junge."

Tiedemann nickte ihm auffordernd zu. Zaghaft nahm der verschüchterte Junge einen Schluck.

„So ist recht", meinte Schwester Salvatoris und lächelte. Tiedemann konnte sich genau vorstellen, was in dem Kopf von Erich vorging. Von welchen Dingen er nun träumte. Er wollte ihn nicht entmutigen, ihm aber auch keine unnötigen Hoffnungen machen.

„Du wirst bestimmt dort nicht malen oder sonst etwas Künstlerisches machen. Höchstwahrscheinlich werden sie dich fegen oder andere Hilfsarbeiten verrichten lassen", betonte er ausdrücklich.

„Das ist egal. Hauptsache ich sehe die Bilder", meinte Erich glücklich und Tiedemann konnte beobachten, wie der Junge in jene für ihn unbekannte, aber glücklichere Welt abtauchte. Die Schwester streichelte Erich sanft über den Kopf. In ihrem Blick lagen jedoch Kummer und Angst um ihn.

„Ich bete zu Gott, dass ihr Vorhaben gelingt und sie den armen Erich nicht als geisteskrank abtun", meinte Schwester Salvatoris zum Abschied.

Tiedemann nickte mit einem leichten Lächeln. Es würde gut gehen, davon war er fest überzeugt. Nur die Bilder, zumindest die modernen, würden in ihrem Versteck bleiben müssen. Sein Gefühl sagte ihm, dass die Zeiten nicht leichter werden würden.

7

Gochsheim, 23. August 2016. Genau in dem Augenblick, als die Autorin aus der Stelle in ihrem Krimi las, in der das Auftauchen einer Wasserleiche vorkam, zuckte ich zusammen.

Blankenfels sah mich erschrocken an. „Keine Sorge, wir sind nicht in Flehingen und weder, wie im Buch, an einem See oder sonstigen großen Gewässer. Nur am Kraichbach, der friedlich vor sich dahin plätschert und nicht allzu tief ist."

Wir saßen zwischen den Kanälen des Stauwehres der alten Ölmühle in Gochsheim, in einem bezaubernden geradezu verwunschen wirkenden Wäldchen. Wäldchen mag vielleicht etwas übertrieben sein, aber eine Ansammlung von stattlichen Bäumen war es schon. Der Boden war bis auf einen Trampelpfad völlig mit Efeu überwuchert. Neben mir fiel eine Böschung etwa zwei Meter zum Wasser ab. Ich beobachtete die kleinen Strudel zwischen den verwitterten Kalksteinen, hervorgerufen durch die von Menschenhand an dieser Stelle gebildeten Zu- und Abflüsse. Schuberts Forellenquintett kam mir in den Sinn. Das Wasser war kristallklar und erinnerte mich an den großen Aquamarinring, den Emmas Tante immer trug. Das ist aber ein schöner alter Ring, dachte ich noch und erstarrte. Denn zu diesem Ring gehörte eine ebenso alte, faltige, vom Leben gezeichnete Hand. Wobei der Vergleich mit dem Leben hinkte und die Hand auch nicht in den Kraichbach gehörte. Ebenso nicht der leblose Körper, der der Hand durch den engen Kanal folgte. Er verfing sich an einer Verzweigung, die ziemlich eng gefertigt war. Mein Unterbewusstsein realisiert in diesem Augenblick bereits, dass ich den Ring und dadurch auch die leblos im Wasser treibende Frau kannte. Mein linker Arm versuchte sich automatisch zu bewegen. Eigentlich sollte er meinen Nebenmann sanft am Ärmel zupfen. Doch es war wohl eher ein unkontrolliertes Schlagen.

„Psst nicht jetzt! Es ist gerade so spannend!", zischte Blankenfels mich an. Ob es mein energisches Bearbeiten seines Armes, mein starrer Blick oder mein weit geöffneter Mund, aus dem vor Schreck kein Ton kam, der Blankenfels' Meinung ändern ließ? Zögerlich schaute Blankenfels über den Rand des Plateaus, zuckte sein Handy und begann eine Nummer zu wählen. „Kriminalpolizei, Blankenfels hier." Die Besucher der Lesung, inzwischen auf uns aufmerksam geworden, hielten Blankenfels Reaktion für eine Einlage und klatschten begeistert Beifall. Nur die Autorin stand regungslos da. Sah uns fragend an und begriff recht schnell.

„Vielen herzlichen Dank für Ihr aufmerksames Zuhören. Diese kleine Einlage soll mich daran erinnern, sie nun hinüber zur Mühle zu bitten, um eine kurze kulinarische Pause einzulegen. Bitte folgen Sie mir und geben Sie acht beim Überqueren der Straße. Selbst landwirtschaftliche Nutzfahrzeuge können schnell und tödlich sein", meinte die Autorin höflich und sah uns dabei durch ihre Lesebrille fragend an.

Begeistert standen die Gäste von ihren Klappstühlen auf und folgten der Schriftstellerin hinüber zur Mühle, wo ein großartiges Buffet aufgebaut war. Nur ich saß weiter regungslos da. Kaum hatte der letzte Teilnehmer der Lesung das kleine bewaldete Areal verlassen, zog Blankenfels seine Schuhe aus und sprang hinunter ins Wasser.

Einer der Organisatoren der Lesung brachte mich hinüber zur Mühle, weit weg von den anderen Gästen. Das Programm der Lesung war zu real geworden. Vorsichtig nippte ich an dem mir angebotenen Glas Wein. Ich musste nicht erst in einen Spiegel schauen um zu ahnen, dass ich kreidebleich und ein Bild des Jammers abgab. Ob es am Wein lag, dass mein Hirn langsam wieder zu arbeiten anfing – möglich. Selbstverständlich hatte es nie damit aufgehört zu arbeiten, im Gegenteil. Es hatte Überstunden gemacht, um mir nicht bewusst werden zu lassen, was ich eigentlich nicht wissen wollte. Die damit verbundenen Empfindungen zu spüren. Selbst jetzt in dem Moment, als mir voller Vorahnung ein eiskalter Schauer den Rücken hinunterlief, versuchte es mich zu täuschen. Ich ließ es nur zu gerne zu.

Den Ring, Aquamarin eingefasst durch alte, feinste Goldschmiedekunst, an der Hand der Toten. Ich hatte ihn erkannt. Alles in mir sträubte sich diesen Gedanken zuzugeben. Denn dann müsste ich zugeben, dass sie tot war und das durfte sie nicht sein. Nicht sie!

Ein völlig durchnässter Blankenfels kam auf mich zu. Wortlos und ohne ihm ins Gesicht zu sehen, reichte ich ihm das Glas Wein. Mit tränenverschleiertem Blick und schwerer Stimme fragte ich ihn: „Sie ist es oder?“

Blankenfels nahm einen Schluck und reichte mir das Weinglas, in dem der Spätburgunder blutrot schimmerte, wieder.

„Ja.“

„Oh, mein Gott, wieso? Wie konnte das passieren? Es war doch ein Unfall, oder?“

„Sieht nicht so aus!“ Blankenfels nahm inzwischen dankend eine ihm angebotene Wolldecke an und wickelte sich fröstelnd darin ein. Bedächtig sah ich zu ihm hoch. Eine einsame Träne rann über meine Wange. Blankenfels setzte sich zu mir auf die Bank, die auf der Rückseite der Mühle stand. Mit einem starren in die Ferne gerichteten Blick wich er meiner Frage aus.

„Sie war eine alte, nette Frau. Wer tut so etwas und vor allem warum?", fragte ich ihn.

Er schüttelte nur seinen Kopf.

„Wie soll ich das nur Emma beibringen, dass ihre Tante tot ist?"

„Ermordet wurde", ergänzte Blankenfels mit schwacher Stimme. In dem Moment begann alles um mich herum schwarz zu werden.

Unschlüssig darüber, ob ich alleine oder mit Blankenfels zusammen Emma die traurige Nachricht überbringen sollte, fuhren wir eine Stunde später heim. Die Landschaft mit ihren typischen Hohlwegen und Streuobstwiesen ließ ich völlig emotionslos an mir vorbeigleiten.

Blankenfels folgte mir schweigend ins Haus. Er hatte seit unserer Abfahrt in Gochsheim kein Wort gesprochen. Wahrscheinlich trug er sich mit denselben Gedanken.

Eines hatte ich allerdings bei meinen Überlegungen vergessen – wir wohnten auf dem Land! Wir trommeln nicht wirklich auf irgendwelchen Buschtrommeln herum oder verwenden Rauchzeichen, doch zu meiner Überraschung funktioniert der Landfunk wieder einmal prima. Auf der Terrasse saß eine völlig verheulte Emma, die mich zwar schwach, aber dennoch hoffnungsvoll ansah. Das bisschen Hoffnung, die Geschichte wäre nicht wahr oder es handelte sich nicht um ihre Tante, machte ich mit einem leichten Kopfschütteln zunichte.

Joachim war so fürsorglich und kochte uns allen Kaffee. Mit betrübtem Gesicht stellte er neben Emma ein Fläschchen mit Kaffeesirup – sie nahm reichlich davon.

Frau Braun sah kurz über unsere Hecke zu uns hinüber, verschwand und tauchte ein paar Minuten später mit einem Teller voller Mürbeplätzchen auf. Emma nahm auch hiervon reichlich und es schien ihr komischerweise von Minute zu Minute besser zu gehen. Ebenso Blankenfels. Mit jedem Keks, den er aß – es schmecken ihm anscheinend nicht nur Schneckennudeln –, wurde er gelassener. Mir schien, als sei ich die Einzige, die den Ernst bzw. die Traurigkeit der Lage erkannte.

„So, nun ist aber genug, meine Liebe. In ihrem Zustand sollten sie nicht so viele davon essen“, meinte Frau Braun und schob den Teller in Richtung Joachim. Emma zog eine Schnute und Joachim griff beherzt bei den Keksen zu. Mir wurden zwei Dinge klar, heute Abend brauchte Joachim kein Vesper mehr und es war definitiv nicht mein Tag.

In der Nacht war es Joachim, der gottserbärmlich schnarchte. An Schlaf war bei mir sowieso nicht zu denken. Meine Gedanken kreisten zu einem um den Mord an Emmas Tante Clara und draußen im Garten, hinter unserer Hecke, kicherte Frau Braun ununterbrochen wie ein junges Mädchen.

„Rühreier gefällig? Oder doch lieber einen Rollmops?“, fragte ich Blankenfels, der ziemlich verkatert am nächsten Morgen in die Küche kam.

„Kaffee“, kam es schwach als Antwort zurück.

Er hatte nach den Ereignissen am gestrigen Tag bei uns im Gästezimmer übernachtet und musste wohl erst noch richtig wach werden. Der Blick auf Joachim bot mir das gleiche Bild.

„Habt ihr heute Nacht noch heimlich einen gehoben? Ihr seht ja elend aus“, wollte ich von den beiden wissen, während ich ihnen Kaffee einschenkte. So wie die Jungs aussahen, gehörte das Rührei und die Zeitung heute Morgen mir ganz alleine.

„Von wegen einen gehoben“, flüsterte Joachim.

„Genau!“, gab ihm Blankenfels recht. „Ich habe heute Nacht nur ständig jemanden kichern hören.“

„Ach das, das war Frau Braun."

Blankenfels sah langsam und völlig zerknittert von seiner Tasse Kaffee auf. Zuerst sah er dabei mich, dann Joachim an. „Wo bin ich hier nur wieder hineingeraten? Es wird Zeit, dass ich mich versetzen lasse."

Die beiden Männer tranken äußerst ruhig und bedächtig ihren Kaffee. Entspannt blätterte ich in der BNN, bis ich zum Regionalteil kam. „Komisch?", hatte ich es übersehen? „Nein nichts."

„Was?", fragte Joachim.

„Hier steht einiges über die Ausgrabung im Schloss. Historisches zum Tempelherrenorden, aber nichts über den Mord an Emmas Tante."

„Schau mich nicht an", meinte Blankenfels immer noch ganz blass. „Die Presse hat nachgefragt und ich habe Auskunft gegeben, soweit es die Ermittlungen zulassen. Auf die Frage, ob es mit dem angeblichen Fund des Grals zu tun hätte, habe ich nein gesagt."

Joachim griff förmlich in Zeitlupe nach der Zeitung. „Und das haben sie, wie mir scheint, nicht geglaubt, mein Lieber. Hier steht eine Anmerkung über den Mord in Gochsheim, ganz unten bei der Ausgrabung. Eine Verbindung zwischen beiden Ereignissen schließe die Polizei nicht aus."

8

New York, 24. Januar 1939. Ungeduldig wartete er bereits seit Stunden am Pier. Ein unglückseliges Unterfangen. Schließlich wusste er nur, dass die „Bremen" heute ankommen sollte. Nicht aber wann. Konnte man das bei einem Schiff überhaupt sagen? Vielleicht gab es einen Sturm bei der Überfahrt von Bremen nach New York? Bestimmt hatte es einen gegeben und das Schiff würde heute überhaupt nicht mehr anlegen. Egal, er wollte warten. Warten bis er endlich den Rauch des Schiffes am Horizont entdeckte, der von seiner nahenden Ankunft kündete. Er wusste, selbst wenn die Bremen endlich in Manhattan am Dock lag, so könnte er seine Frau und die beiden Kinder, die er so schmerzlich vermisste, nicht in die Arme schließen. Keiner in der Einwanderungsbehörde konnte oder wollte ihm darüber Auskunft geben, wann seine kleine Familie letztendlich in die USA einreisen durfte. Aber einen Blick, einen Blick auf sie, der ihm die Gewissheit gab, dass sie alle noch am Leben waren, würde er auf sie werfen können. Vielleicht sogar ein paar Worte der Begrüßung, der Liebe, der Sehnsucht, der vielen einsamen Stunden ihnen zurufen. Wenn möglich eine Umarmung, bevor sie in die Unterbringung für Immigranten gebracht wurden. Dicke Tränen rannen über seine Wangen. Heiß brannten sie auf der vom Wetter gegerbten Haut! Sein Herz zog sich zusammen. Was, wenn die Nazis sie in Bremen nicht auf das Schiff gelassen hatten? Nein, daran wollte er nicht denken! Nicht jetzt! Vorsichtig holte er ihren letzten Brief, den sie noch vor ihrer Abreise geschrieben hatte, aus der Brieftasche hervor. Die Brieftasche wog in seinen Händen schwerer wie alles Geld der Welt. Das gute Stück aus Kalbsleder zeugt noch von besseren Tagen, damals in Flehingen, einem kleinen verträumten Ort in Baden. Drüben in Deutschland. Damals, als die Welt für ihn noch in Ordnung war. Neben dem Brief und seinen neuen amerikanischen Papieren bewahrte er noch einige Fotos darin auf. Von seinen zwei Söhnen Herbert und Walter. Seinen Eltern und Schwiegereltern. Seinem Elternhaus und ein Bild seines Vaters, der seine beiden Enkelsöhne auf dem Arm hielt. Er stand mit ihnen im Schnee und dahinter konnte man die verbrannte Synagoge erkennen. Mit zittrigen Fingern zog er eine Fotografie hervor, die ihm erneut Tränen in die Augen trieb. Zärtlich strich er darüber und betrachtete liebevoll lächelnd das Bild. Es zeigte eine junge Frau, wie sie elegant auf einem Stuhl sitzend, mit einer Rose in der Hand von einem Maler porträtiert wurde. Obwohl er nur eine Schwarz-Weiß-Fotografie besaß, so sah er doch das bunt schillernde Kleid, das locker um ihre schlanke Gestalt fiel. Die pechschwarzen Haare, die wie Wellen auf einem unruhigen Meer ihren Kopf umspülten, die grünen Augen, die ihn anstrahlten. Rasch wischte er sich mit dem Handrücken die Tränen aus dem Gesicht, faltete den Briefbogen auseinander und las:

Liebster Hugo,

nun sind es nur noch ein paar Tage, bis ich mit den Kindern nach Bremen fahren kann. Heute kam meine Reiseerlaubnis. Obwohl sie unsere letzten Ersparnisse aufgebraucht hat, kann ich mein Glück noch gar nicht in Worte fassen. Genauso aber meine Sorge, in Bremen aufgehalten zu werden und nicht auf das Schiff zu kommen. Man hört so vieles. Lediglich zehn Reichsmark darf ich pro Person mit auf das Schiff nehmen. Eine weitere Schikane der Nazis. Ich habe mir von Oswald Geld in die Absätze einarbeiten lassen. Doch ich sorge mich dabei nicht um mich. Die Tatsache nach all den Entbehrungen, endlich dich wiedersehen und in die Arme schließen zu dürfen, lässt mich das alles ertragen. Lediglich um unsere Buben mache ich mir Sorgen. Bleiben wir aber hier, so bin ich mir sicher, sie würden ihren Vater nie wieder sehen. Erneut hat die Gauregierung mir den Zugriff auf unser Geld verwehrt und ich befürchte auch, keine Genehmigung hierfür mehr zu bekommen.

Schließ uns bitte in deine Gebete ein. Ich bete zu Jaweh und glaube fest daran, dich in ein paar Tagen wiedersehen zu dürfen.

Deine dich liebende Herta

P.S. Das Bild, das ich dir mitbringen sollte, musste ich leider bei einem guten Freund in Flehingen lassen. Vielleicht besteht irgendwann die Möglichkeit es nachzuholen.

Hugo seufzte und drückte den Brief an seine Lippen. Faltete ihn sorgsam zusammen und seufzte. Zu schade, gerne hätte er das Gemälde in ihrer gemeinsamen, wenn auch beengten Wohnung aufgehängt. Es war aber kein Ersatz für seine geliebte Frau. Alleine sie und die beiden Kinder waren wichtig. Seine Herkunft, seine Arbeit, sein Vermögen, all das konnten ihm die Nazis ruhig nehmen. Nicht aber seine Familie!

Am Horizont zeigte sich grauer Rauch ab. Eine halbe Stunde später konnte er das dazugehörige Schiff erkennen. Es war die Bremen! Sein Herz setzte vor Freude einen Schlag aus. Die Schiffssirenen heulten auf. Lange konnte es nicht mehr dauern. Dann hätten sein Warten, seine Ungewissheit ein Ende.

9

Flehingen, 28. August 2016. Von offizieller Seite hieß es, dass Emmas Tante Clara erdrosselt worden war. Zuvor hatte der oder die Täter ihr noch die Hand auf eine heiße Oberfläche, vermutlich die Herdplatte, gedrückt. Auf der Höhe des Tauchsteines beim Judenfriedhof hatte die Kripo Spuren gefunden, die darauf schließen lassen, dass die Leiche der alten Dame dort ins Wasser befördert wurde. Normalerweise wäre ein Weiterkommen der Leiche bei der an dieser Stelle noch recht kleinen Kraich nicht möglich gewesen. Spätestens in dem Wehr in den Gochsheimer Gärten hätte ihre Reise ein jähes Ende genommen. Regenfälle aber, wie die in der vergangenen Nacht, ließen die sich sonst so friedlich durch den Kraichgau schlängelnde Kraich anschwellen und zu einem reißenden Etwas werden.

„Ein Motiv brauche ich!" Blankenfels wirkte sichtlich genervt. „Alte, nette Damen werden nicht ohne Motiv umgebracht und einfach in einem Bach beseitigt."

Ich schüttelte nur den Kopf und zuckte mit den Schultern. „Was ist mit der Aussage, die in der Zeitung steht, dass zwischen dem Mord und dem Auftauchen des vermeintlichen Heiligen Grals eine Verbindung besteht?"

Blankenfels sah mich genervt an. „So ein Quatsch! Die einzige Verbindung zum Schloss wäre, dass ihr Vater früher dort Anstaltswärter war. Zu dem Zeitpunkt war der Untergrund des Innenhofs ja noch mit dem Schutt des Brandes von 1504 befüllt. Also konnte niemand von der Existenz des Grals wissen."

„Was ist mit dem Ami, der hier überall herum schleicht?", hakte Joachim nach.

Ich sah ihn böse an. Ich mochte Herrn Weingardner. Er war nie und nimmer ein Mörder!

„Schau mich nicht so an", motzte Joachim. „Du musst zugeben, als er bei der Ausstellung auftauchte, ist Tante Clara zu Tode erschrocken."

„Das stimmt", pflichtete ihm Blankenfels bei. „Zeugen haben auch ausgesagt, dass er ihr nachgegangen und sie angesprochen hat. Da habe sie etwas von Fotos gestottert und habe ihn um Geduld gebeten, er würde sie bekommen."

„Na also!", rief Joachim und schlug mit der flachen Hand auf den Küchentisch. „Dann lasst uns den Mann mal besuchen und darauf ansprechen."

Joachim und Blankenfels standen sofort auf. Nur ich blieb mit gesenktem Kopf sitzen.

„Was ist?", fragte Blankenfels mit einer Vorahnung in der Stimme.

„Herr Weingardner ist für zwei Tage verreist", nuschelte ich vor mich hin.

Ich ahnte, was jetzt kam. Blankenfels stützte sich mit seinen Händen vor mir auf dem Tisch ab. Sah mich scharf an und holte tief Luft.

„Was? Woher sollte ich wissen, dass dieser nette Mensch zu ihrem Hauptverdächtigen wird?", bäffte ich. Angriff erschien mir die beste Verteidigung.

Es wirkte. „Ist ja gut. Ich werde ihn ausschreiben lassen."

„Vielleicht solltet ihr bei Tante Clara im Haus nach den Fotos suchen", schlug Joachim vor.

„Gute Idee. Keine Ahnung um was für welche es sich handeln könnte, aber vielleicht merken wir es, wenn wir sie sehen. Die Spurensicherung ist sowieso schon dort. Der Nachbarschaft ist aufgefallen, dass ein Fenster eingeschlagen ist. Da hat jemand nicht lange gefackelt."

„So wie es aussieht, werden wir die Fotos hier wohl nicht finden", fluchte Blankenfels zähneknirschend. Dabei fuhr er sich zum, was weiß ich, wievielten Male durch seine schwarzen Haare. Sie standen ihm schon seit einiger Zeit wirr vom Kopf.

„Der oder die Einbrecher haben ganze Arbeit geleistet", meinte ich. Überall quoll der Inhalt von Schränken und Schubladen heraus. Achtlos waren Porzellan und Bücher auf den Boden geworfen worden. Eine Tasse war unversehrt geblieben. Behutsam hob ich sie auf. „Rosenthal. – Also auf Reichtümer war der Dieb nicht aus."

„Die wissen nicht einmal den Unterschied zwischen Meißener Porzellan und Ikea. Meistens sind es Banden aus dem Ostblock. 15 Minuten pro Haus haben sie Zeit. Denen geht es nur um Schmuck, Bargeld und Laptops. Ein Computer ist da schon zu schwer. Der wird meistens beim zweiten Einbruch geholt", erklärte Blankenfels wie nebenbei. Anscheinend war so etwas wie hier schon Alltag für ihn und seine Kollegen. Im Schlafzimmer bot sich das gleiche Bild. Auf dem Boden türmte sich die achtlos aus dem Schrank geworfene Wäsche. Dazwischen lag etwas. Ich bückte mich und zwischen alter, mit Monogram bestickter Leinenbettwäsche entdeckte ich eine alte Zigarrenschachtel aus Holz.

„Das ist wie bei einer Schatzsuche", dachte ich und hielt den Atem an und öffnete die Schatulle. Erstaunt sah ich Blankenfels an. „Na, ihre Osteuropäer waren hier nicht am Werk. Es sei denn, sie interessieren sich nicht für alten Granatschmuck."

Blankenfels griff hastig nach der Zigarrenschachtel und blickte erstaunt drein.

„Das stimmt, die müsste fehlen." Rasch drehte er sich um und lief in die Küche. Ich hörte ihn in dem Chaos, das die Einbrecher im Küchenbuffet zurückgelassen hatten, herumwühlen. „Komisch. Der Geldbeutel ist noch da und in der Zuckerdose stecken tatsächlich 500 Euro!" Nachdenklich kam Blankenfels zurück ins Schlafzimmer. „Was hat der Einbrecher dann gesucht?"

„Vielleicht das Gleiche wie wir. Und ich bin immer noch der Meinung, dass es nicht Herr Weingardner war", gab ich ihm mit vollster Überzeugung zur Antwort. „Dann dürften wir zu spät sein."

Eigentlich wollte ich mich schon zum Gehen umdrehen, als mir das alte Nachtschränkchen in der Ecke auffiel. Es war aus Kirschholz und bestimmt schon seit Generationen in der Familie. Meine Oma hatte auch so eines besessen, nur aus Nussbaum, das etwas eleganter wirkte. „Wetten, da sind alte Handtaschen drin?"

Blankenfels beäugte mich mit hochgezogener Augenbraue.

„Nicht lachen, aber das war bei meiner Oma und auch bei meinen Großtanten so. Und ich hatte viele Großtanten."

„Das ist ja schön, aber was sollen wir mit Handtaschen. Fotoalben, das ist das, was wir und eventuell auch der Dieb sucht."

„Es ist noch nicht alles verloren!", rief ich freudestrahlend.

„Das verstehe ich jetzt nicht", meinte Blankenfels und kam näher.

„Typisch Stadtmensch, aber zugegeben, ich habe auch nicht gleich daran gedacht", tröstete ich ihn. „Ein Fotoalbum war meist zu teuer. So etwas leistete man sich auf dem Lande ganz, ganz selten. Wenn man eines besaß, kamen nur ausgewählte Fotos hinein. Wen interessierten Schnappschüsse. Das Gleiche galt für eine neue Handtasche. Leistete man sich eine neue, wurde die alte nicht weggeworfen, sondern zweckentfremdet weiterverwendet." Triumphierend zeigte ich ihm meine Ausbeute. Lachend hielt ich vier museumsreife Stücke hoch. „Wetten, darin werden wir fündig.

Voilà, da haben wir schon etwas." Es waren unzählige Briefe, Schriftstücke und Zeitungsausschnitte. In den nächsten beiden Handtaschen sah es nicht anderes aus, aber die Nummer vier, die verbarg den Schatz, alte Schwarz-Weiß-Fotos, die meisten noch mit einem gezackten Rand. Für diese Tasche interessierte sich natürlich Blankenfels, ich dagegen würde mich voller Wissbegierde (wie gesagt wir Frauen sind nicht neugierig) auf die anderen drei Taschen stürzen.

Beim Verlassen des Hauses fiel mein Blick jedoch auf einen alten Sekretär. Nussbaum, Jugendstil. Die Schubladen waren herausgerissen, aber auf der Schreibunterlage lag komischerweise nichts. Leergefegt! Lediglich ein alter großer Abreißkalender, wie ich ihn als Schreibtischunterlage aus den Büros kannte, lag schützend auf der aufgeklappten Arbeitsfläche. Mein Blick fiel auf die eingedrückten Stellen im Papier. Eindeutig war hier ein Brief geschrieben worden und der Kugelschreiber hatte Spuren hinterlassen. Bei genauerem Hinsehen war es mir möglich zu entziffern, an wen.

„So ein Mist!", entfuhr es mir. Doch ich wollte korrekt sein und so rief ich nach der Dame von der Spurensicherung.

Blankenfels folgte ihr auf den Fuß. Er schien mir nicht mehr zu trauen.

„Ab ins Labor. Mal sehen, was wir da lesen", meinte er triumphierend. Dabei vergaß er wohl, dass es meine Entdeckung war.

„Herr Kommissar, kommen Sie bitte?", bat ein anderes Mitglied der Spurensicherung. Ein etwas stämmiger junger Mann, der, wie ich fand, in seinem weißen Ganzkörperanzug wie ein weißes Ei aussah. Das Ei, Entschuldigung, der junge Mann, hielt einen Brief in den Händen.

„Das haben wir unter dem Kopfkissen der Toten gefunden. Es scheint ihr letzter Wille zu sein."

„Na wer sagt's denn", Blankenfels wirkte zufrieden. „Wenn sich aus alle dem nichts finden lässt, dann esse ich nie wieder eine Schneckennudel."

Da war sich wohl einer seiner Sache sicher. Für mich ergab alles keinen Sinn.

„Dass Tante Claras Klimt nicht mehr im Wohnzimmer hängt, haben Sie bemerkt?", fragte ich inzwischen schlecht gelaunt.

Blankenfels erstarrte und drehte sich in Richtung Wohnzimmer.

Ha, das hat gesessen, Herr-ich-weiß-alles-besser, dachte ich und machte mich mit den Handtaschen auf den Heimweg.

Ein „Ja – nein, doch nicht!", gefolgt von einem „Ich werd noch wahnsinnig", lockte Emma an. Neugierig betrat sie unser Gartenhäuschen. Erstaunt hielt sie an der Türschwelle inne, um einen Atemzug später in schallendes Gelächter auszubrechen. Erschrocken sah ich hoch. Emma lachte einfach weiter und zeigte, während sie vor lauter Lachen ihren Bauch hielt, mit dem Finger auf mich. Zugegeben, ich gab ein Bild für die Götter ab. Im Schneidersitz auf dem Boden sitzend, hochkonzentriert dreinblickend (dabei auf die dezent heraushängende Zunge beißend), streichelte ich ein elektronisches Medium in meiner Hand.

„Andrea, also wirklich", prustete Emma immer noch vor Lachen. „Du gibst ein Bild ab. Was um aller Welt machst du da?"

„Yoga für Manager!"

„Bitte was?", Emmas Stimme überschlug sich fast.

„Na, Yoga für Manager. Wild auf dem Handy herumtippen war gestern. Heute streichelt man sanft. Zuerst wische ich bedächtig das Schlosszeichen weg. Dann muss man mit viel Fingerspitzengefühl tippen. Hochkonzentriert versteht sich. Meditation war gestern. Und das Beste sind die Klingeltöne. Meiner ist keltische Harfe“, erklärte ich ihr mit einem Grinsen. „Mist, wo bin ich jetzt wieder draufgekommen?“, fluchte ich, alles anderes als entspannt. „Das ist nicht meins. Für dieses Ding brauche ich zu viel Zärtlichkeit und Geduld. Mein Kontingent dafür geht schon bei meinen Kindern drauf. Da bleibt für Joachim schon nicht mehr genug übrig“, scherzte ich.

„Eigentlich müsste jeder so ein Smartphone haben. Wer es im Gegensatz zu mir bedienen kann, muss doch vollkommen zärtlich, ausgeglichen und im Einklang mit sich sein“, brummte ich völlig frustriert, denn ich hätte es am liebsten an die Wand gepfeffert. Diese Art von Wutabbau hätte mir zwar gut getan, wäre dann aber doch etwas zu teuer geworden.

Emma setzte sich auf einen Stuhl in der Ecke. „Weißt du noch, als du das erste Mal eine SMS verschickt hast? Damals hast du auch behauptet, es nie zu lernen“, bemerkte sie.

„Das waren ja auch noch ganz kompakte, handfeste Handys. Aber dieses Leichtgewicht hier ...“

„Dann lass es bleiben“, schlug Emma vor.

„Bloß das nicht. Blankenfels hat mir dieses Ding zur Verfügung gestellt, damit ich jederzeit erreichbar bin. Wie stehe ich denn dann da, wenn ich es ihm zurückgebe. Und nur weil ich nicht einfühlsam für dieses Ding bin. Ha, ich hab's! Oder, nein, doch nicht.“

„Ich mach dir einen Vorschlag“, bot Emma, immer noch belustigt von meinen Anblick, an. „Wie deine Kaffeemaschine zu bedienen ist, das weißt du ja. Koch uns doch einen Kaffee und ich zeige dir, wie du dein Smartphone streicheln musst.“

So ein Angebot schlug ich nicht aus. Rasch kochte ich ihr einen Kaffee. Eine Stunde später hatte ich den Dreh raus.

Emma sah mich warnend an: „Nicht dass sich so viel Gefühl jetzt auf Joachim überträgt. Das mit dem Streicheln und so ...“, frotzelte Emma. „Ihr habt schon drei Kinder.“

„Keine Sorge“, antwortete ich und holte tief Luft. „Genug gestreichelt für heute.“

Und damit legte ich die Streichelelektronik auf die Seite.

10

Flehingen, 3. September 2016. Herzhaft biss Blankenfels in den Apfelkuchen. Mit noch vollem Mund meinte er zu mir. „Es ist schon schlimm mit diesem Ort hier."

„Wieso?", fragte ich erstaunt und löste meinen Blick von dem herrlichen Kuchen vor mir auf dem Tisch und sah Blankenfels verwundert an. Wir saßen auf Bierbänken im Schlosspark unter den großen Linden, umrahmt von kleinen Holzbuden, aus denen es köstlich duftete.

„Nicht nur, dass ihr mir meine Mordstatistik hier im Kraichgau durcheinanderbringt und verfälscht, ganz zu schweigen von meinem Weltbild".

Er unterbrach kurz seine Erklärung, um den restlichen Apfelkuchen mit einem ordentlichen Klecks Schlagsahne und einem großen Schluck Kaffee hinunterzuspülen. „So habe ich jedes Mal, wenn der Fall hier geklärt ist, Minimum 2 bis 3 Kilo mehr auf den Rippen. Dieses Mal hatte ich mir geschworen, keine der köstlichen Schneckennudeln zu essen und was mache ich ...?", brummte er mit einem süffisanten Unterton.

„Na, du bist, wie es aussieht, standhaft geblieben", bemerkte Joachim sarkastisch.

„Ja, klar. Dafür habe ich ein leckeres Stück Apfelkuchen mit Schmandguss und einem kräftigen Klecks Rumsahne verdrückt. Ganz abgesehen von den Zimtschnecken mit Apfelstücken und Streuseln obendrauf, die mich die ganze Zeit verführerisch von Joachims Teller aus anlachen", stöhnte Blankenfels.

„Tja, wie heißt es schon in der Bibel: Der Geist ist willig aber das Fleisch ist schwach und Finger weg von meinen Schneckennudeln", lachte Joachim.

Blankenfels quittierte die Bemerkung mit einem bösen Blick. Ließ sich aber augenblicklich von einer vorbeigetragenen Apfelweintorte ablenken.

„Keine Sorge, die ist schon für Morgen. Da findet doch auf dem Dorffest die Prämierung für den besten Apfelkuchen statt und außerdem werden Gerichte rund um den Apfel angeboten", meinte ich lachend und Emma fügte hinzu: „Es werden im Übrigen noch Jurymitglieder gesucht." Sie grinste Blankenfels herausfordernd an. Blankenfels verdrehte die Augen.

„Nun wir können gerne tauschen", bot Thorsten an. „Sie übernehmen meinen Platz bei der Jury zur Wahl der Apfelprinzessin und ich opfere mich für den Backwettbewerb."

Blankenfels sah fragend auf seinen Bauch. (Der absolut durchtrainiert aussah, wie ich fand.)

„Wie alt sind denn die Kandidatinnen zur Wahl der Apfelprinzessin?", fragte er grinsend.

„Viel zu jung – deswegen auch Prinzessin", antwortete Joachim.

„Wenn das denn so ist, dann will ich die Dorfgemeinschaft als Juror beim Backwettbewerb unterstützen. Man hilft, wo man kann", entschied Blankenfels und tätschelte seinen Waschbrettbauch.

Emma, die das beobachtet hatte, tat das Gleiche bei ihrem Gatten. Nur, dass Thorstens Bauch sich seit ihrer Schwangerschaft irgendwie solidarisch mit dem ihrigen erklärt hatte.

„Das Siedfleisch mit Meerrettich und Apfelkompott, beim Musikverein, darf ich morgen aber schon essen?", wollte Thorsten von Emma wissen.

„Ja, mein Schatz“, meinte sie zärtlich und küsste ihn. „Aber die Kartoffelpuffer mit Apfelbrei beim Bürgerverein lassen wir dieses Jahr sein. Ganz zu schweigen vom Apfelstrudel.“

Thorsten runzelte die Stirn und sah schlimmer drein als mein Dackel, wenn er vor einem leeren Fressnapf saß.

Blankenfels sah mich an.

„Mich wird man beim Hasenverein finden. Hasenleber auf gebratenen Apfelringen und eine Calvadosrahmsoße dazu. Darauf freue ich mich schon das ganze Jahr“

Blankenfels hob die Hände hoch und sah zum Himmel. „Ich gehe nach Den Haag!“, rief er. „Dieser Ort fällt hier mit all seinen köstlichen Verführungen eindeutig unter die Genfer Konventionen.“

„Und da hast du noch nicht das Apfelschmalz auf knusprigem Holzofenbrot und mit einem Gläschen Calvados probiert“, flüsterte Joachim ihm über den Tisch gebeugt zu.

Blankenfels beugte sich ebenfalls zu ihm hinüber und meinte: „Mein Gespür sagt mir, dass es noch mehr zu essen gibt.“

„Oh, ja!“, antwortete Thorsten sichtlich stolz auf seinen Ort. „Drüben beim Kindergarten, das war einmal das alte Feuerwehrhaus, dort gibt es bei der Jugendfeuerwehr Schupfnudeln mit Zucker und Zimt auf Apfelbrei. Gegenüber ist der Hasenverein, wo Andrea hin will, und hier vorne am Schlosspark ist der Turnverein mit einem Schwartenmagen-Apfelsalat an Apfelessig mit Bratkartoffeln.“

„Mm, den möchte ich mir nicht entgehen lassen“, erklärte Joachim schmatzend.

„Daneben beim Bienenverein“, fuhr Emma fort, „gibt es gebackene Honigäpfel. Einen süß-saueren Apfel-Käsesalat mit Honig-Balsamico Dressing.“

Blankenfels sah sie begeistert an.

„Abwarten!“, gab ich ihm zu verstehen. „Hier gegenüber von uns bietet der katholische Kirchenchor diverse Apfelkuchen, Schokoäpfel und eine Apfelsuppe mit Speck und Kracherlen an. Nebenan serviert der evangelische Kirchenchor eine Calvados-Bowle und herzhaften Apfel-Kartoffel-Speckkuchen.“

Ehe Blankenfels etwas dazu sagen konnte, fuhr Joachim fort: „Dort hinten beim Fußball wird es herzhaft. Steak mit Äpfeln überbacken mit einer Calvadossoße und Haselnuss-Spätzle. Beim Kindergarten kannst du dir dann anschließend eine Apfelwaffel holen.“

„Oh, ja. Die sind lecker“, rief Emma begeistert. „Ebenso die Apfelmuffins am Schulstand.“

„Aufhören, mir ist schon ganz schlecht vor Hunger. Wie soll ich das alles in nur zwei Tagen probieren?“, beschwerte sich Blankenfels.

„Schon aufhören?“, lachte ich schallend. „Da sind noch die hysterischen ...“

„Die bitte was?“

„... die historische Gruppe ‚Fünf Schneeballen‘ mit ihrem Apfelrisotto und gratiniertem Ziegenkäse, Scampis und Apfelchutney, außerdem Flammkuchen mit Apfel, Zucker und Zimt. Die Landfrauen mit diversen Apfelkuchen und -torten. Der Männergesangverein mit einer Kalbsbratwurst mit Apfelchutney auf Rucola in einem Dinkelbrötchen und zu guter Letzt – der Organisator des Apfelfestes, der Bürgerverein. Hier gibt es noch neben dem Kartoffelpuffer veganen Apfelmilchreis mit vielen Gewürzen, Apfelbrot und eine Apfel-Kürbissuppe.“

Blankenfels strahlte über das ganze Gesicht, klatschte begeistert in die Hände und meinte: „Es bleiben uns nur zwei Tage, dann lasst uns doch endlich damit anfangen!“

Wer glaubt, dass bei so einem Dorffest die Unterhaltung bei all den Köstlichkeiten zu kurz kommt, hat sich getäuscht. Und damit meine ich nicht irgendwelche musikalischen oder anderweitigen Beiträge. Nein, am Stand des Musikvereines wurde es laut und somit spannend.

„Da musst du gerade ruhig sein!“, rief eine männliche Stimme aufgebracht.

„Halt's Maul!“, antwortete eine zweite drohend.

Erschrocken drehten wir uns in Richtung der Stimmen um. Leider hatte sich schon ein Pulk aus Neugierigen gebildet, sodass wir die Streithähne nicht sehen konnten. Dafür aber umso lauter und deutlicher hören!

„Gestern noch habe ich dich beim Äpfelklauen erwischt“, ertönte wieder die erste Stimme. Sie schien einem jungen Mann zu gehören.

„Stimmt nicht“, antwortete die zweite.

Diese gehörte einem älteren Mann und ich überlegte krampfhaft, wer es war.

„Stimmt wohl“, fuhr der Jüngere der beiden fort. „Ich war mit meiner Frau und den Kindern im Schäferskreuz, auf dem Grundstück der Schwiegereltern. Von da habe ich dich genau beobachten können, wie du keine 200 Meter weiter weg, mit deinem alten, klapprigen Bulldog bei meinem Baumstück angehalten hast. Gib doch ruhig zu, dass du mich, als ich mit meinem Frontlader hinüberfuhr, kommen hörtest und ab bist.“

„Vorderlader?“ Blankenfels sprang wie elektrisiert auf.

Joachim zog ihm an seinem Ärmel wieder auf die Bierbank zurück. „Kein Gewehr. Er meint einen Frontlader, einen Fendt Geräteträger. Einen Traktor.“

Blankenfels meinte nur kleinlaut: „Bin ein Stadtmensch.“

„Ich musste pinkeln“, erklärte die Stimme des Älteren.

„Pinkeln, dass ich nicht lache. Mit einem Apfelkorb unter meinem Boskop. Wenn da die Äpfel beim Pinkeln in den Korb reinfallen, piss ich ab sofort jeden meiner Apfelbäume an."

Schallendes Gelächter ertönte.

„Meine Frau hat es auch ganz genau beobachtet, wie du die Äpfel gepflückt hast. Eine Sauerei ist das. Als du mich kommen hörtest, hast du den Korb auf deinen Hänger geschmissen und bist ab. Hast noch versucht mir mit deinem alten Vehikel davonzufahren. Hat nur nicht geklappt, mein lieber Helmut."

Emma sah mich grinsend an. „Ha, der! Wer denn sonst!"

Alle um sie herum nickten zustimmend.

„Lasst mich ruhig dumm sterben", seufzte Blankenfels.

„Er ist ein ortsbekannter. Im Frühsommer sind es die Kirschen, dann Mirabellen und am besten noch Zwetschgen. Die wandern alle ins Schnapsfass. Später kommen Äpfel und Birnen dran. Angeblich ist das alles üble Nachrede. Wenn er aber erklären soll, wie er mit seinen wenigen Bäumen solche Mengen erzielt hat, hat er definitiv ein Problem."

„Ach so einer", Blankenfels hatte verstanden. „Dass es solche Leute in der heutigen Zeit, wo doch alles im Überfluss vorhanden ist, noch gibt. Man lernt doch nie aus."

Während er sich mit dem veganen Apfelmilchreis des Bürgervereines anfreundete, lauschte er interessiert den Geschichten über Holz- und Obstdiebe. Gerade als Blankenfels zum Kaffee und einer Apfelsahnetorte überging (mir war schon beim Zusehen der Unmengen, die dieser Mann vertilgen konnte, schlecht. Und das Unfaire dabei war, er blieb auch noch schlank dabei), kippte urplötzlich die Stimmung auf dem Fest. In der entgegengesetzten Richtung unseres Sitzplatzes klirrten Gläser, eine Bierbank wurde umgeworfen. Eine schrille Stimme erklang: „Das nimmst du zurück! Mein Großvater war kein Nazi!"

Ein Tumult entstand und Fäuste schienen zu fliegen.

„Wehe der Abend wird nicht wie versprochen schön!“, drohte mir Blankenfels und ließ seine Augen rollen. „Wenn ihr mich entschuldigt, ich muss wohl wieder Überstunden machen.“

Rasch sprang er auf und eilte in Richtung der Streithähne. Ehe Blankenfels aus Leibeskräften „Polizei es reicht!“, brüllte, drangen Wortfetzen wie „Du hast keine Beweise – alles nur Blöff – ich nicht, aber der Ami“ zu uns herüber. Er zerrte zwei Männer an den Rand des Festes. Deutlich konnte man bei den Festbesuchern deren Verärgerung über die Unterbrechung spüren. Leider konnten wir ihn nicht verstehen. Und wie es den Anschein hatte, war ich nicht die Einzige, die in diesem Moment neugierig, äh wissbegierig, war. Alle reckten die Hälse.

„Bei der Polizei zu arbeiten, scheint wirklich zu bedeuten, rund um die Uhr im Einsatz zu sein“, flüsterte Emma stirnrunzelnd.

Es dauerte ziemlich lange, bis sich der Tumult legte. Ganz allmählich kehrte wieder Ruhe ein. Eine lauschige Stimmung machte sich breit. Es wurde gequatscht, gelacht, getrunken und gegessen. Hier und da zeigten der Apfelmost und Calvados bereits ihre Wirkung. Bei mir allerdings nicht. Die aufkeimende „Wissbegierde“ ließ keine Stimmung aufkommen.

„Wo bleibt nur Blankenfels?“, fragt ich gespielt besorgt.

Joachim zuckte mit den Schultern. Er überlegte wohl, ob er sich Blankenfels verlassenem Kuchenstück annehmen sollte.

„Schau, kommt da wirklich die Ortspolizei?“, rief Emma erstaunt aus. Sofort flogen alle Köpfe rum. „Tatsächlich!“

Ein Getuschel entstand, das an das leise Rascheln von Herbstlaub erinnerte. Ganz unterschwellig. Was nicht bedeutete, dass ein jeder mitbekam, wie die beiden Streithähne ins Polizeiauto gesteckt wurden und man mit ihnen davonfuhr.

Mein Handy summte. Blankenfels' Nummer auf dem Display. „Alles klar ... doppelte Portion ... kein Problem ... wird gemacht ... Treffpunkt in einer Stunde bei uns auf der Terrasse ... Ja, ich koche Kaffee."

„Fein", rief Emma und klatschte in die Hände. „So wie es aussieht, gibt es etwas zu erzählen."

Der Streit zwischen den beiden Männern war, wie es sich herausstellte, nicht der Grund für unser Zusammentreffen auf meiner Terrasse. Blankenfels tippte, streichelte und hämmerte auf seinem Handy herum. Auf unserem großen Mahagoni-Terrassentisch lagen neben Kaffee, Kuchen und natürlich auch Schneckennudeln der Inhalt von Tante Claras Handtaschen. Auf Joachim zeigten sie keine Wirkung. Für ihn waren sie anscheinend nicht alt genug. Er unterhielt sich lieber mit Thorsten über die Ausgrabungen im Schloss. Für mich dagegen waren diese alten Taschen mit ihren Fotos und Dokumenten ein echter Schatz. Auf Papier gebrachte Ausschnitte eines Lebens.

Die erste Handtasche war aus grau-braunem Leder. Steif und eckig mit dünnen Trageriemchen. Der ehemals goldfarbene Verschluss war abgenutzt und schwarz. Vermutlich Wildleder, das durch den starken Gebrauch inzwischen speckig war. In dieser Tasche befanden sich ausschließlich Farbfotografien. Viel davon Polaroid. Emmas Wangen glühten vor Freude während sie sich auf vielen der Bilder wiederfand: als Baby, im Sandkasten, mit der Schultüte bei der Einschulung.

In der zweiten Tasche, eine schmale, schwarze, beinahe wieder moderne Variante, heute würde man auf Neudeutsch Clutch dazu sagen, befanden sich diverse Fotos von diversen Hochzeiten, Taufen, Kommunionen. Die dritte Tasche, ein kunstvoll mit Rosen bestickter Totschläger, barg die meisten Fotos. Alle schwarz-weiß, viele klein und mit gezacktem Rand. Behutsam versuchte ich sie nach Zeit, Familie oder sonstigen

Personen zu sortieren. Gar nicht so einfach, da viele der abgebildeten Personen bereits vor meiner Zeit verstorben waren. Auf einem Foto waren zwei Männer mit einem Kälbchen im Stall. Ein anderes zeigte junge Mädchen, der Kleidung nach zu schließen in den dreißiger Jahren, Zigarette rauchend im Gras sitzend. Dann war da das alljährliche Hochwasser des Kraichbaches rund um das Schloss, Umzüge zum 1. Mai, Fronleichnam, Gruppenbilder von Vereinen, zwei kleine Jungs mit Matrosenanzug und Schaukelpferd. Die Familie vor dem Tannenbaum in den 1930er-Jahren, in der Mitte, unter einem Schleier versteckt, das Flehinger Christkind mit dem Lebensreis.

„Wenn nur die Bilder sprechen könnten", dachte ich. „Was würden sie uns wohl dann erzählen?"

Die letzte Tasche, ein Strohköfferchen, fehlte. Blankenfels hatte sie nicht für wichtig erachtet bei der Hausdurchsuchung. Umso wertvoller erschien sie mir. Die Tasche lag wohlbehütet bei mir im Schlafzimmer unter dem Bett. Sie war zu meinem Schatz geworden.

Blankenfels legte endlich sein Handy weg und wandte sich mir zu. „Irgendwo muss doch ein Hinweis auf das Motiv oder den Täter zu finden sein", fluchte er.

Der Ärmste, es war wirklich nicht sein Tag. Während er die beiden Streithähne hatte verhaften lassen, – eine wie er zugab übertriebene Reaktion –, hatte er erfahren, dass Tante Claras gestohlenes Bild bei einem Kunsthändler in Karlsruhe angeboten worden sei.

„Dieser möchte leider keine Aussage über den Verkäufer machen. Aber immerhin hat er uns informiert."

„Wieso das, wenn er das Gefühl hat, das Bild sei falsch? Er braucht es ja nicht zu kaufen", meinte Joachim und gähnte.

„Kunst zu sammeln kann krankhafte Ausmaße annehmen", erklärte Blankenfels und schenkte sich eine Tasse Kaffee ein.

„Die Dunkelziffer der geraubten Kunstwerke, die in irgendwelchen Privatsammlungen verschwinden, ist hoch. Die Sammler wissen genau, dass sie sie nie verkaufen und zu Geld machen können. Das ist ihnen egal. Sie wollen das Bild einfach besitzen. Sie allein. Sie wollen weder mit dem Bild prahlen noch es anderen zeigen. Wie heißt es im Herr der Ringe, mein Schatz?"

Joachim sah ihn erstaunt an.

„Ich möchte nicht wissen, wie viele Kunstwerke im Zweiten Weltkrieg in Wirklichkeit nicht verloren gegangen sind, sondern nur bei einem Sammler landeten. Nehmen wir doch nur einmal den Fall Gurlit. Es würde mich nicht wundern, wenn irgendwo in Russland oder Amerika jemand im Bernsteinzimmer sitzt und Kaffee trinkt", fuhr Blankenfels fort.

„Das mag sein", gab ich ihm Recht. „Aber wenn der Händler weiß, dass es eine Fälschung ist, kann er doch auch den Besitzer nennen."

„Nicht unbedingt. Das würde bedeuten, einen vielversprechenden Lieferanten zu verlieren. Viele Sammler wissen auch, dass sie Fälschungen besitzen, melden aber nichts."

„Das verstehe ich nicht", meinte Emma.

„Im Rheinland gab es doch dieses Fälscherehepaar. Es hat im großen Stil gefälscht. Bei der Verhandlung haben sie der Staatsanwaltschaft eine Liste der Bilder übergeben. Die informierte die Besitzer. Und jetzt kommt's, die wenigsten haben reagiert, denn würden sie es, bedeutet es zum einen einen Wertverfall des Gemäldes und zum anderen auch den Verlust der Aura, die solch ein Bild für den Liebhaber umgibt. Das heißt, solange es niemand beweisen kann, könnte Tante Claras Bild ein Klimt sein. Für einen krankhaften Sammler würde das schon ausreichen, eine sechsstellige Summe dafür zu bezahlen."

Emma schüttelte fassungslos den Kopf. Blankenfels widmete sich wieder den Fotos.

„Hier!", rief ich. „Schaut euch das hier an."

In meinen Händen hielt ich ein kleines zehn auf zehn Zentimeter großes Schwarz-Weiß-Foto mit gezacktem Rand. Darauf war eine hübsche junge Frau mit langen dunklen Haaren zu sehen. Sie trug ein bodenlanges Kleid. Links von ihr sah man eine Staffelei mit dem in sein Werk vertieften Künstler. Obwohl dieser mit dem Rücken zum Betrachter stand, meinte Thorsten: „Das ist nie und nimmer Gustav Klimt!"

Wir stimmten ihm alle zu.

Nur wer war es dann?

Der kommende Tag war ein äußerst bitterer für Emma und auch für mich. Die Beerdigung von Emmas Tante fand auf dem Flehinger Friedhof statt. Für gewöhnlich war ich auf einer Beerdigung mit dem Beobachten der Trauergäste beschäftigt. Heute dagegen quälten mich die Fragen nach dem Wieso und Wer.

Es war eine stille und sehr ergreifende Beisetzung. Heute waren alle wirklich nur gekommen, um Abschied von einer beliebten Frau zu nehmen. Und jeder war noch gelähmt und geschockt von der Tat. Niemand war in der Lage, sich sein Mundwerk zu zerreißen. Unzählige Kränze und Blumengestecke schmückten die Leichenhalle. Emma saß still da. So, als wäre sie ganz alleine in der Leichenhalle. Nur sie und ihr ungeborenes Baby. Ihre Tante hatte ihr sehr viel bedeutet. Ich brauchte Emma nicht danach fragen, es war mir in diesem Moment klar, sollte sie eine Tochter bekommen, so würde Emma ihr den Namen Clara geben.

Noch lange nach der Trauerfeier saßen wir im Schatten unter einem Ahornbaum auf dem Friedhof. Obwohl wir kein Wort sprachen schien es, als tauschten wir unsere Gedanken aus. Als wir gingen, bat mich Emma ernst: „Finde das Schwein!"

Ich nickte stumm.

11

Flehingen, 4. September 2016. Genau in dem Moment, als ich über einem Kraichgau-Krimi saß, ich war immer fasziniert davon, wie viel Kriminelles in unserer friedlichen Gegend möglich war, läutete das Telefon. „Nicht jetzt!“, brummte ich. Doch der Anrufer war umbarmherzig. Also hob ich, die Nase immer noch in dem mörderischen Geschehen steckend, den Hörer ab: „Leuchte“

„Andrea, bist du’s? Bitte! Hilf mir! Thorsten ist völlig am Durchdrehen. Bitte komm schnell.“

Im Hintergrund hörte ich Thorsten Emmas Namen rufen. Emma legte den Hörer auf. Damit war das Gespräch wohl beendet.

Mein Krimi war mir vor Schreck aus der Hand gefallen. Was war das eben? Ich musste das erst realisieren. Emma hatte mich telefonisch um Hilfe angefleht, da Thorsten durchdrehte! Oh mein Gott, durchfuhr es mich. Thorsten ist Vorstand unseres Schützenvereins. Erst vorgestern hatte er mir sein neues Schnellfeuergewehr gezeigt. Hastig griff ich nach Handy und rief verzweifelt Blankenfels an und bat ihn um Hilfe.

„Ich komme. Mit Blaulicht dürfte ich in 25 Minuten da sein. Nimm Joachim mit und tu um Himmelswillen nichts Unüberlegtes“, versuchte er mich zu beruhigen.

Zum Glück fand ich Joachim bei uns im Garten. Wir rasten durch Flehingen und ich fühlte mich wie in einem schlechten Film. Erst den Senselberg hinunter, am Schloss vorbei auf die

Hauptstraße, hinüber nach Sickingen. Dort Richtung Zaisenhausen, um links dann ins Neubaugebiet zu fahren.

„Derjenige, der dieses beknackte, verwinkelte Baugebiet geplant hat, gehört hinter Gitter!“, fluchte Joachim, als er zum gefühlt tausendsten Mal jemandem die Vorfahrt nahm oder um eines der vielen geparkten Autos Slalom fahren musste.

Bei Emmas Haus angekommen, kam uns bereits Thorsten auf der Treppe, die zum Haus hinaufführt, entgegen. Beängstigt, aber auch mit unverholener Neugierde, sah ich Thorsten an. Er holte tief Luft, schloss für einen kurzen Moment die Augen und atmete seltsam ruhig aus. Wie abwesend betrachtete er daraufhin seine Hände und meinte leise: „Es klebt noch Blut an meinem Händen. Ich habe ganz vergessen sie abzuwaschen.“

Entsetzt starrte ich ihn an. Mein Magen krümmte sich zusammen. Ich versuchte ruhig zu klingen: „Zum Glück habe ich immer ein paar Feuchttücher im Auto. Joachim holt sie dir. Du putzt dir die Finger damit ab und erzählst uns dann bitteschön was passiert ist.“

In Gedanken begann ich durchzuspielen, wie lange Blankenfels nach Flehingen brauchen würde und ob es in Ordnung wäre, die Hände säubern zu lassen? Ganz offensichtlich war hier etwas Furchtbares passiert. Machte es Sinn ihn zu beruhigen oder sollte ich lieber ins Haus stürmen und schauen, ob es für Emma nicht doch noch cinc Chancc gab? In meine Gedanken versunken nahm ich dennoch wahr, wie Thorsten mit einem kindischen Gekicher seine Hände langsam säuberte. Joachim betrachtete ihn ebenso aufmerksam und schien über dessen Gesichtsausdruck zu erschrecken. Thorsten lächelte selbstzufrieden. Genau wie damals, als er die Wahl zum Bürgermeister gewonnen hatte.

Eiskalt lief es mir den Rücken runter.

„Oh mein Gott“, fuhr Thorsten unvermittelt auf. „Ich darf gar nicht an das viele Blut denken und an die lange Zeitspanne bis ich endlich ihr Schreien hörte. Es kam mir wie eine Ewigkeit vor.“

„Thorsten!“, brüllte ich entsetzt. Ich fühlte mich wie von einem kalten Regenguss getroffen. Blut, Schreie ...! Alles Mögliche schoss mir durch den Kopf. Zugegeben, er war Bürgermeister, doch sind die nicht bekanntlich zu allem fähig ...

„Wieso, was stört dich?“, fragte er mich erstaunt. „Wie hätte ich sonst wissen sollen, ob sie noch lebt? Glaubst du es hat mir Spaß gemacht, sie zu schlagen? So etwas Zartes, Süßes und Unschuldiges? Ich hatte keine andere Wahl“, erklärte er mit belegter Stimme und einem seltsamen Leuchten in seinem Gesicht.

Es war krank! Eindeutig krank!

„Zugegeben, die Schreie lösten ein großes Glücksgefühl in mir aus“, fuhr er fort.

Ich musste mich auf eine der Treppenstufen setzen und verbarg meinen Kopf in den Händen. Durch die Finger, die ich mir vor die Augen hielt, konnte ich mit einer Mischung aus Erstaunen und Entsetzen sehen, wie Joachim Thorsten kameradschaftlich auf die Schulter klopfte. Mein Mann gab mir immer wieder Rätsel auf.

„Du musst mit rein“, bat mich Thorsten.

Mein Magen krampfte sich zusammen. Ich wusste nicht, was Thorsten da angestellt hatte, aber ich wollte es auch nicht sehen. Wollte Emma nicht sehen, wie sie von ihm erschlagen, in einer Blutlache lag. Doch er schien sich nicht davon abbringen zu lassen. Wo blieb nur Blankenfels?, dachte ich.

Thorsten half mir von der Treppenstufe auf und meinte: „Die Blutflecken müssen beseitigt werden. Ich kenne mich doch da nicht so aus oder meinst du ich soll die Laken gleich ganz entsorgen?"

Auch das noch. Ich sollte dabei helfen, Beweismittel zu vernichten. Es zog mir wieder einmal den Boden unter den Füßen weg. Meine Hilfe kam für Emma zu spät!

„Ich verstehe, was du Ärmster gefühlt hast", bemerkte Joachim und umarmte Thorsten kurz.

„Mein Mann ist nicht bei Trost!", dachte ich nur.

Da hörte ich endlich den Klang eines Krankenwagens.

„Endlich!", rief Thorsten, als die Sanitäter ausstiegen.

„Wo ist die werdende Mutter?", wollte einer der Sanis wissen.

„Der Notarzt kommt gleich!", rief der Zweite.

„Im ersten Stock. Zweite Tür links", antwortete Thorsten und sah zuerst Joachim und dann seine immer noch leicht Blut verschmierten Hände an. „Ich glaube, die sollte ich wohl besser endlich gründlich waschen gehen. Ansonsten denkt die liebe Nachbarschaft noch, ich hätte meine Frau ermordet."

Joachim lachte laut auf. „Gute Idee. Und danach suche ich in eurem Wohnzimmerschrank nach etwas Hochprozentigen zum Desinfizieren. Aber innerlich."

„Und ich nach einem Mauseloch, in dem ich mich verkriechen kann", dachte ich.

Joachim legte seinen Arm um Thorsten und ging mit dem neugeborenen Vater in Richtung Haus.

„Was ist es denn übrigens?", wollte Joachim wissen.

„Ein Mädchen", strahlte Thorsten.

Nun hielt mich nichts mehr. Ich schob mich an den beiden Männern vorbei durch die Tür, hetzte die Treppe in den ersten Stock und stürzte völlig außer Atem ins Schlafzimmer.

Keine zehn Minuten später kam Blankenfels mit Blaulicht angerast.

„Polizei!", brüllte er und blieb abprubt im Türrahmen zum Wohnzimmer stehen.

Wo ist nur dieses verdammte Mauseloch, wenn man es braucht, dachte ich erneut verzweifelt.

Blankenfels Blick verfinsterte sich immer mehr. Kurz bevor er mich damit durchbohrt oder gar getötet hätte, ging Thorsten freudestrahlend auf ihn zu: „Ein Gläschen Champagner? Etwas Hochprozentigeres haben wir leider nicht."

Blankenfels nahm überrumpelt das Sektglas entgegen.

„Andrea hat mir alles erzählt. Sie hat einiges missverstanden, aber das ist alles meine Schuld", versuchte Thorsten zu beschwichtigen. Als er mit seiner detallierten Erklärung beendet hatte, brach Blankenfels in schallendes Gelächter aus. Da fand ich es besser, nochmals nach Emma zu schauen und schlich mich außer Sichtweite.

Eine Amsel sang vor meinem Schlafzimmerfenster. Im Dachkändel pfiffen die Spatzen und nebenan vom Kirchturm der evangelischen Kirche hörte ich die jungen Turmfalken schreien. Zu gerne wäre ich in meinem molligen Bett liegen geblieben und hätte weiter gelauscht. Vor allem nach dem gestrigen Abend war das Bedürfnis, mir die Bettdecke beschämt über die Nasenspitze zu ziehen, enorm groß. Noch immer wusste ich nicht, ob ich mich freuen oder über mein Verhalten schämen sollte. Egal! Die Hauptsache war, dass es Emma und ihrer kleinen Clara gut ging.

Müde quälte ich mich aus dem Bett. Joachim, ein notorischer Frühaufsteher, hatte bereits die Kinder geweckt, mit ihnen gefrühstückt und sie in die Schule sowie die beiden kleinen in den Kindergarten gebracht. Für so viel Fürsorge mir gegenüber wollte ich mich revanchieren. Eine Thermoskanne mit frisch aufgebrühtem Kaffee wäre bestimmt eine gute Idee. Dazu packte ich noch einige Kekse in meinen Korb. Beschwingt verließ ich unser Haus, winkte Frau Braun zu, die ebenfalls in Richtung Schloss unterwegs war. Als ich um die Ecke bog, blieb ich vor Staunen abrupt stehen. „Was um alles in der Welt ist das?"

Ein Bild des ... Chaos? Des Wahnsinns? Ja was war es denn? Also Fasching war definitiv vorbei. Im Schlosspark tummelten sich seltsame Gestalten. Viele schienen direkt aus dem Film „Herr der Ringe" oder irgendwelcher Cyper Spielen entsprungen zu sein. Oder besser gesagt entlaufen? Wiesloch war nicht weit.

Zwischen all den Schwertträgern, Zauberern und sonstigen Gestalten saßen Bongo spielende Hippies. Den Rest der bunten Schar konnte ich beim besten Willen nicht zuordnen. Selbst ein Fernsehteam konnte ich in all dem Tumult ausmachen. „Flehingen im Focus der Welt! Wow! Das hat was!"

Vor der Brücke zum Schloss standen ein Polizeiauto und zwei Polizisten. Frau Ott war eine nette Pfälzerin und immer zu einem Späßchen aufgelegt. Nur leider nicht, wenn sie im Dienst war. Ob sie mich zu meinem Mann ins Schloss ließ? In Gedanken zwängte ich mich schon durch eines der Kellerfenster auf der Rückseite des Schlosses. Da sah ich, wie Blankenfels mir vom Schlosstor her zuwinkte.

„Habe ich schon erwähnt, dass ich einen Antrag auf Versetzung stellen werde?", brummte Blankenfels anstelle einer Begrüßung.

„Wieso? Ist etwa noch ein Mord geschehen?", fragte ich entsetzt und hielt im Laufen inne.

„Nein, das wäre zu schön."

Irritiert sah ich ihn an. Mit Mühe konnte ich seinen schnellen Schritten folgen. Ich hasse Leitern, aber es war die einzige Möglichkeit in das Loch, dem der schöne Schlossinnenhof hatte weichen müssen, zu steigen.

Unten angekommen, dreht er sich zu mir um, hob seine Hände in die Höhe und rief: „Jetzt habe ich es auch noch mit den Templern zu tun. Fehlt noch, dass irgendwo ein Illuminat herumlungert oder einer dieser Freimaurer."

Ich verstand nur noch Bahnhof. Joachim nahm mir freudestrahlend den Korb ab.

„Hallo Schatz", hauchte er und gab mir einen flüchtigen Kuss. „Es wird immer spannender."

Joachim war ganz aufgekratzt. Fragend sah ich ihn an. Schön, wenn der Ehegatte glücklich ist. Lieber wäre es mir allerdings, wenn ich wüsste weshalb. An mir lag es ja leider nicht. Blankenfels schob mich netterweise hinter den Bagger und dann sah auch ich es. Ein großes, rotes Tatzenkreuz. Das Zeichen der Templer!

„Wow", meinte ich kurz angebunden. Das alleine war es aber nicht. Wesentlich kleiner befanden sich eine Schrift oder irgendwelche Geheimzeichen darunter.

„Eine Geheimschrift?"

„Vermutlich. Aber niemand weiß das hier so genau."

„Und wieso nicht? Die sind doch alle vom Denkmalamt und ausgebildet in Geschichte und so."

Blankenfels sah mich entnervt an. „Aber doch nur auf das Mittelalter und so."

„Eben, da war doch die Zeit der Templer oder nicht?" „Schon", antwortet mir Dr. Martin Kössler vom Denkmalamt. „Ich kenn mich auch mit den Templern aus, aber für die Geheimschrift wäre ein Fachmann oder Insider von Nöten."

„Genau, und bevor die nicht entziffert ist, muss ich die Ausgrabung sperren. Nicht dass das eine Morddrohung ist", erklärte Blankenfels geschäftig.

„Und warum ruft ihr nicht einen an?", fragte ich ihn erstaunt.

„Einen Templer?“, fragte Blankenfels lachend. „Weil die im Telefonbuch stehen“, frotzelte er weiter.

Beleidigt verdrehte ich die Augen. „Bestimmt aber im Internet.“ Ein Blick in das Gesicht von Dr. Kössler sagte mir „Bingo!“ Daran hatten die Herren nicht gedacht. Wie es sich selbst zu meiner Überraschung herausstellen sollte, wohnte der Prior des Deutsch Tempelherrenorden, ein gewisser Dr. Manfred Schäfer, sogar in Derdingen. Templer in unsere Gemeinde – ich war sprachlos! Nein, ich war platt! Ich dachte, die gibt es nur noch in Schottland oder irgendwo versteckt in den zerklüfteten Bergregionen Südfrankreichs. Was machten die hier bei uns im Kraichgau?

Mehr als nur neugierig sah ich mir diesen ominösen Dr. Schäfer, der kurze Zeit später zu uns in das Grabungsloch hinunter gestiegen kam, an. Jeans und weißes Hemd. Wo war der weiße Mantel mit dem roten Kreuz darauf? Das Schwert? Das ritterliche Aussehen? Okay, zumindest trug er Jesus-Latschen. Zu gerne hätte ich ihm in den Arm gekniffen, ob er denn überhaupt echt war.

Immerhin war er in der Lage, die Schrift zu entziffern. Das Ganze war auch noch in Französisch geschrieben und bedeutete wohl übersetzt etwa: „Wenn der Gral nicht zurückkehre, würde ein großes Unglück passieren. Zeichen im Brot des Herrn würden eine erste Warnung sein.“

In früheren Zeiten wären nun die Menschen auf die Knie gefallen. Hätten gebetet. Himmel und auch Hölle in Bewegung gesetzt, um das drohende Unheil abzuwenden. Doch diese Zeiten schienen vorbei zu sein. Kaum hatte die Presse Wind von der Sache bekommen, wie war mir schleierhaft, quoll unser Ort über von Schaulustigen. Nun gab es auch noch Templerwurst zu ungesäuertem Templerbrot. Reissenden Absatz verzeichnete ein hochprozentiges Gebräu namens „Templertrunk". Es versprach langes Leben. Die Hersteller hatten leider schlichtweg ignoriert, dass ein Templer dem Alkohol hatte abschwören müssen. Dasselbe galt für das Schach- und Kartenspiel. Was niemanden zu stören schien.

Es wurden Schachfiguren in Holz und aus Kunstharz gegossen, sogar in Metalloptik zum Verkauf angeboten. Auch Kartendecks mit Ritterabbildungen. Vor dem Schloss breiteten Händler ihre Stände aus und verkauften alle möglichen Souvenirs, die nur im Entferntesten etwas mit Ritter zu tun hatten: Vom Templer-T-Shirt, Silberschmuck, Keramikgeschirr bis hin zum Räucherstäbchen aus der Esoterik-Ecke.

12

Flehingen, 7. September 2016. „So eine Verschwendung", schimpfte der alte Mann neben mir. „Die haben noch nicht hungern müssen wie wir nach dem Krieg. Mit Lebensmittel spielt man nicht!" Fragend sah ich ihn an. Ich konnte nur sprachlos mit den Schultern zucken. Ich war mir wirklich nicht klar darüber, ob ich den Kornkreis, der sich vor mir mit seinen 75 Metern Durchmesser auf dem Feld erstreckte, als Verschwendung oder Kunstwerk ansehen sollte. Vielleicht war es ja auch eine Visitenkate von Außerirdischen. Eine Botschaft. Wer wusste das schon? Die Halme waren alle sauber in einer Richtung, exakt über dem Boden, abgeknickt. Das sprach für genaueste Handarbeit. Kornkreise, die natürlich, sprich durch Regen und Wind gebildet wurden, waren nicht akkurat. Die Halme erinnerten dann an Stromschnellen beziehungsweise Strudel.

„Außerirdische Lebensformen", zischte mir eine junge Frau ins Ohr.

„Ich weiß nicht", konterte ich sofort. „Ob der Abdruck eines Raumschiffes so aussieht?"

Böse sah mich die junge Frau an. Rannte in den Kreis, dessen Mitte aus lauter geometrisch angeordneten Rauten bestand, die im Ganzen wiederum ein Templerkreuz bildeten, sie drehte sich mehrmals und ließ sich in das Getreide fallen.

„Ich sage es wieder. Nichts als Verschwendung", rief ihr der ältere Mann hinterher.

„Oder wahre Kunst“, meinte ein Mann mittleren Alters.

„Alles andere ist Quatsch“ ergänzte er seine Aussage. Mit einem herausfordernden Blick sah er mich an. Seine Augen strahlten förmlich. „Diese Symmetrie, aus all den ungleichförmigen Weizenhalmen.“

Unförmig, dachte ich. Bei dem vielen Halmverkürzer der hier gespritzt worden war, erschien mir das ganze Feld, ja jeder Halm wie mit dem Lineal gezogen zu sein. Diesen Gedanken behielt ich aber lieber für mich und schaute den Mann anstandshalber mit einem auffordernden fragenden Blick an.

„Jeder Halm, jede Ähre ist einzigartig. Ein Bild des Chaos. Dazwischen nun durch die Rauten die perfekte Symmetrie. Eine Symbiose!“ Dann verschwand auch er im Kornkreis.

Wie in ein Tor zu einer anderen Welt, glitten ständig andere Personen an mir vorbei ins Feld. Zögerlich setzte ich einen Fuß vor den anderen. Es war mein erster Kornkreis. Woher sollte ich wissen was da passieren konnte. Ich hatte schon viel darüber gelesen, aber gesehen hatte ich bislang noch keinen. Was war es nun für mich?

Während ich so in mich ging und meine innersten Empfindungen erforschte, seufzte es hinter mir. „Als wenn ich nicht schon genügend Arbeit hätte. Lieber als einen Mord ist es mir dennoch alle mal.“

Erstaunt sah ich Blankenfels an. „Die Kripo kümmert sich um Kornkreise?“

„Leider. So etwas kann ungeahnte Ausmaße annehmen. Trittbrettfahrer oder Ufo-Fans, die den Bauern nicht mehr auf sein Feld lassen. Ganz zu schweigen von dieser ominösen Templer-Drohung, die immer noch im Raum steht. Brot des Herrn kann natürlich alles Mögliche bedeuten. Solange aber Brot aus Korn hergestellt wird, bin ich vorsichtig. Oder Hippies, die durch ihre Happenings den Rest des Feldes zertrampeln. Im schlimmsten Fall löst die Sache eine Ufo-Panik aus und die Selbstmordrate schnellt in die Höhe."

Fassungslos starrte ich ihn an. Mit einem Mal erschien mir dieses Gebilde als Bedrohung. Besorgt schaute ich mich um. Geradeso als würde ich den Weltuntergang erwarten.

Blankenfels begann schallend zu lachen. „Es ist egal was manch einer letztendlich darin sieht, interessant sind die Dinge allemal. Auf, kommen Sie!"

Nun schritt auch er in den Kornkreis. Ich folgte ihm zaghaft.

„Die Templer! Es ist ein Zeichen der Templer aus dem Jenseits", kreischte eine mir bekannte Stimme. Beim Anblick der betreffenden Person mussten Blankenfels und ich zweimal hinschauen.

„Ach du liebes Bisschen!", entfuhr es mir.

Blankenfels stimmte mir mit weit geöffneten Mund zu.

Dann meinte er: „Das ist doch nicht? Nein, niemals oder doch?" Er fing schallend an zu lachen und schlug sich mit den Händen auf die Oberschenkel. Mir erging es ebenso.

„Das muss eine Fata Morgana sein", stellte ich lachend fest. „Frau Braun", rief ich der knallbunt im Hippie Look gekleideten Frau zu.

Sie schaute mich irgendwie komisch an. „Nein, Esmeralda. Frau Braun war nur eine Hülle", hauchte sie seltsam angeheitert.

„Ist sie blau?", fragte ich mich.

Frau Braun oder eben Esmeralda tanzte mit erhobenen Händen um eine der Kornrauten. Sie trug ihr graues Haar offen. Am Hals hingen dutzende Ketten aus bunten Holzperlen. An den Füßen trug sie Glöckchen.

„Esmeralda!", Blankenfels prustete vor Lachen. „Das muss ich fotografieren. Bitte, ich kann nicht vor Lachen."

Er streckte mir sein Smartphone entgegen und so machte ich einige Beweisfotos. Fotos, die mir vielleicht einmal nützlich sein könnten, denn bei Frau Braun wusste man in letzter Zeit nie was noch kommen würde. Nur mit Mühe schaffte Blankenfels sich wieder zu beruhigen und zu seiner alten äußerst beherrschten Fassung zurückzukehren. Immer wieder beschwörte Frau Braun mit ihren Begleitern die Seelen der verstorbenen Templer. Sang Loblieder auf ihre Ruhmestaten und umarmte mich dabei zum weiß-ich-wievielten Male. Argwöhnisch schnupperte ich an ihr. Also Alkohol war das nicht!

„Gras“, meinte Blankenfels belustigt.

„Gras?“, ich verstand bloß Bahnhof.

„Marihuana! Unsere liebe sittsame Frau Braun hat schlicht und ergreifend einen Joint geraucht.“

„Frau Braun? Unsere Frau Braun, die sich darüber aufregt, wenn irgendjemand eine Zigarette raucht? Meine Nachbarin, die Sittenpolizei des Ortes?“

„Ja!“ Nun war ich perplex. Mein Weltbild drohte immer mehr zusammenzubrechen! Alles, was schön und recht war, aber so geht das nunmal nicht! Es gibt Regeln und ein Standesdünkel in diesem Ort. Eine Ordnung, die zum Überleben in diesem Mikrokosmos namens Flehingen wichtig ist. So wichtig wie das Salz in einer Suppe. Wozu in alles in der Welt brauchte Flehingen eine bekiffte Esmeralda?

13

Flehingen, 18. August 1940. Briefe wurden in jenen Tagen sehnsüchtig erwartet. Waren sie doch oft das einzige Lebenszeichen. Aber wären da nur nicht die anderen Briefe gewesen. Die Briefe zur Einberufung. Diese musste der Postbote an den Empfänger persönlich zustellen. So kam es, dass Postbote Leo Hirsch kein gern gesehener Gast mehr war. Den Most, das Vesper, das er ansonsten angeboten bekam, unterließ man nun.

Aber nicht so im Schloss. Die Schwestern boten dem großen, müden Mann, der sich heute selbst seine Einberufung zustellen musste, Platz und einen Kaffee an. Bohnenkaffee! Keinen Ersatz aus Chicoree.

Einen ordentlichen Stapel Briefe legte er auf den großen Küchentisch. Er nahm seine Postmütze vom Kopf, wischte sich mit einem großen Herrentaschentuch den Schweiß von der Stirn. Er zögerte kurz und dann übergab er jenen ungebeten Brief, für den er eine Unterschrift von der Heimleitung brauchte. Schwester Salvatoris nahm in schweigend an. Sie erstarrte. Und nach einer kurzen Minute des Schweigens flüsterte sie: „Nicht unser Erich“.

Sie schloss die Augen und schien zu beten.

„Beten Sie auch für mich Schwester. Ich bin ab heute auch mit dabei.“

Die Schwester schlug die Augen überrascht auf.

„Aber Sie sind doch sicher bereits über vierzig?“

Leo Hirsch nickte: „Im Ersten Weltkrieg haben sie mich geholt, da war ich erst sechzehn. Ich kann nur hoffen, dass ich diesen auch überstehe."

Die Schwester legte ihre linke Hand auf seine Schulter und formte mit der rechten ein Kreuz auf seine Stirn. Nahm mit einem schweren Seufzer den Einberufungsbefehl für Erich und verließ die große, geräumige Küche. Von der Decke hingen Büschel von Kräutern, die dort zum Trocknen aufgehängt worden waren. In einer Ecke wartete ein Eimer mit Kartoffeln darauf, geschält zu werden. Der Gazeschrank, in dem Speck und dicke Würste hingen, war seit dem Krieg nun des Öfteren leer.

Tiedemann kannte die Telefonnummer bereits auswendig, die er im Begriff war zu wählen. Zu oft hat er sie in den letzten Wochen wählen müssen. Bei jeder Einberufung einer seiner Zöglinge hatte er hinterfragt, gebettelt und geflucht. Er wusste, dass er Erich ebenso wie die anderen nicht davor retten würde, aber er konnte Bedingungen stellen und so den Einsatz direkt an der Front verhindern.

Nachdem er den Hörer aufgelegt hatte, fühlte er sich nur müde. Einfach nur müde. Er wollte diesen Krieg nicht mehr. Hatte ihn nie gewollt.

Ironie des Schicksals war, dass Erich aufgrund seiner künstlerischen Begabung, seinen Aufenthalten und den Kenntnissen, die er sich im Museum in Karlsruhe erworben hatte, nun zum Schutz der Kunst eingesetzt werden sollte. Ein bitterer Trost! Tiedemann lächelte schmerzverzehrt.

Seine Zöglinge waren gute Jungs, seine Jungs, und er wollte, dass sie alle zu ihm heimkehrten.

Bereits zwei Tage später verließ Erich, aufgewühlt und ängstlich das Schloss. In seinem Gepäck befanden sich zwei Linzertorten und reichlich Kekse, die ihm die Schwestern noch zugesteckt hatten. Wie in Trance half er in den kommenden Tagen die Fenster im Straßburger Münster auszubauen. Sie in Holzkisten zu verpacken und in ein Salzbergwerg bei Heilbronn zu bringen. Dort sah er Kunstgegenstände, Gemälde und andere Dinge, von denen er immer staunend gelesen hatte. Verpackt in schäbigen Holzkisten. Achtlos im Salzstollen abgestellt. Da stand sie, die Stuppacher Madonna von Grünewald, unverpackt, ungeschützt. Zärtlich strich er über ihr liebliches Gesicht.

Wieder in Karlsruhe, musste er auch privaten Sammlern dabei helfen, ihre Kunstschätze einzupacken. Alles in Hektik, ohne die eigentlich dafür benötigte Muse und Zeit. Von Tag zu Tag schmerzte es ihn mehr, mit ansehen zu müssen, wie Bilder, die in den hellsten und schönsten Farben gemalt waren, nach Heilbronn gebracht wurden und in einem 18 Meter tiefen, dunklen Loch verschwanden. Sein einziger Trost und Halt waren die Briefe, in denen er Professor Tiedemann und Herrn Bausch von der Erhabenheit der geretteten Kunst berichten konnte.

Es war bereits dunkel an jenem 3. September, als in Karlsruhe die Sirenen zu heulen anfingen. Rasch beendete Erich seine Arbeit. Er wusste nicht, was schmerzlicher für ihn war, den Rembrandt achtlos in eine Kiste zu werfen oder das Geheul der Sirenen.

Von Ferne hörte er das grässliche, todbringende Dröhnen der Jabos. Nicht unweit von ihm auf der Höhe des Mühlburger Tores kamen die ersten Boden- und Himmelsmarkierungen herunter. Nun waren die Flieger bereits über ihnen. Lange würde es nicht mehr dauern, bis die Bomberflotten der Royal Air Force mit ihren Bomben kamen. Aus dem Nachbarhaus kam eine Mutter panisch mit ihren vier Kindern gerannt. Eines der Kinder stolperte. Erich kam ihm zur Hilfe. Der Luftschutzkeller war zum Glück nicht weit. Doch nicht für ihn. Er und seine Kameraden würden Karlsruhe in Richtung Heilbronn verlassen. Keine einfache Fahrt mehr in diesen Tagen. Die Amerikaner waren inzwischen mit ihren Fliegern überall. Es galt nur noch eine Kiste aus dem Haus zu holen. Das Dröhnen der Motoren hämmerte in seinem Kopf. Der Irrsinn dieses Krieges schien seinen Geist, seine Seele zu sprengen. Erich hielt sich mit beiden Händen die Ohren zu und torkelte. Die Rufe seiner Kameraden nahm er nicht mehr wahr.

„Warum?", brüllte er die näherkommenden Flieger an. „Warum?"

Als Antwort erhielt er den ohrenbetäubenden Knall einer in seiner Nähe explodierenden Bombe. Schutt und Asche flogen durch die Luft. Die bizarrsten Muster und Farben bildeten sich rings um ihn. Dann war es nur noch still und schwarz. Einzig seine Hand ragte aus dem Schutt des über ihm eingestürzten Hauses heraus. Das Blatt Papier, das er noch sterbend in der Hand gehalten hatte, flatterte in dem sich nun ausbreitenden Feuersturm.

Langsam, aber unaufhaltsam fraßen sich die Flammen empor. Von dunkelrot in der Mitte bis zu einem giftig rauchigen Gelb an der Spitze. Gierig fraß es sich mit einem leisen Zischen durch die Reste des Hauses. Brannte schwarze Löcher in ein ehemaliges Heim, das Geborgenheit und Schutz geboten hatte. Zerfraß Träume, Hoffnungen, Sehnsüchte und die damit verbundenen Gefühle. Hinterließ ein Häufchen Nichts, das der Wind als Spielball benutzte. Aufwirbelte und mit sich fortnahm.

14

Flehingen, 8. September 2016. Ich saß auf unserer schönen, geräumigen Terrasse. Sie war etwas erhöht, daher musste man vom Garten aus fünf Sandsteinstufen hinaufsteigen. Sie war eingefasst mit altem, behauenem Sandstein, einem Lavendelbeet und herrlicher duftender alter Rosensorten.

An der Gartenhecke unseres Grundstückes lief Blankenfels auf und ab. Von Zeit zu Zeit stellte er sich dabei auf die Zehenspitzen. Ich wurde das Gefühl nicht los, dass er meine liebe Nachbarin observierte.

Zugegeben, sie hatte in den letzten Wochen eine unglaubliche Wandlung durchgemacht. Beinahe erschreckend. Angefangen hatte es damit, dass sie einem Informatikstudenten ein Zimmer unter dem Dach vermietete. Sie wollte damit ihre Witwenrente aufbessern. Dies wirkte sich auch positiv auf ihr Gemüt aus. Sie wurde fröhlicher, beinahe aufgekratzt. Das Beste jedoch war, sie hörte auf, ständig alles und jeden zu beobachten. Als sie mir dann noch ihren neuen Lebensabschnittsgefährten vorstellte, war ich wie vom Blitz getroffen. Aber es freute mich für sie. Ehrlich. Somit war sie von mir abgelenkt. Doch irgendwann verlor ich den Überblick und mutierte schon beinahe selber zu einer Art Frau Braun, weil nun ich es war, die ihre Nachbarin beobachtete. Und wenn ich sie jetzt so als alternder Hippie sah, so wünschte ich mir doch meine liebe alte Frau Braun in ihrem adretten grauen Kostüm und dem akkuraten Dutt zurück.

Blankenfels hielt an und kam nervös auf die Terrasse. Blieb vor mir stehen und sah mich fragend an. „Sehe ich das richtig, dass Frau Braun jeden Tag Gäste hat?“

Ich nickte stumm.

„Erschreckend. Und was ist mit diesem Mann?“

„Ein ehemaliger Lehrer. Ein Alt-68er, denke ich. Für den hat sie ihren heiligen Witwenstand aufgegeben. Die Tratschweiber im Ort zerreißen sich schon die Mäuler darüber. Die Männer am Stammtisch übrigens auch.“ Blankenfels hob skeptisch seine rechte Augenbraue. Aufmerksam lauschte er dem Treiben jenseits meiner Gartenhecke. Bisher war es ja Frau Braun gewesen, die dahinter gestanden und Blankenfels, wenn er denn bei uns war, belauscht hatte. Wie sich doch die Zeiten ändern. Blankenfels ging wieder von der Terrasse hinunter auf den Rasen, schlich in Richtung Hecke und bog vorsichtig einige Zweige auseinander. (Es hat eben seine Vorteile, wenn man von Berufs wegen neugierig sein darf.) Allerdings war er nicht vorsichtig genug und Frau Braun entdeckte ihn. Ich konnte aus meinem Sitzplatz nicht genau erkennen, was nun geschah.

Ob ich auch zur Kripo gehen sollte, überlegte ich gerade, als Blankenfels mit einem Teller frisch gebackenen Keksen auf mich zukam. Sie dufteten äußert interessant.

Als ich Blankenfels am nächsten Tag die Schuld an meinem Kater gab, erklärte er nur: „Ich bin bei der Mordkommission und nicht im Drogendezernat und außerdem sprechen wir von Frau Braun!“

Doch so einfach kam er mir nicht davon. Sollte es in neun Monaten im Hause Leuchte Nachwuchs geben (halt, stopp, keine schlechten Gedanken, Joachim würde der Vater sein) würde aber er, Blankenfels, Patenonkel werden. Wie es dazu kam?

Nun, wir aßen nichts ahnend die Braun'schen Kekse. Es war so richtig entspannend. Die Sonne schien, die Vögel zwitscherten und das Leben war einfach schön. Blankenfels war so guter Stimmung, dass er sich von der Polizei nach Karlsruhe chauffieren ließ. Ich hatte es genau gesehen, dass er sich die letzten drei Kekse in die Jackentasche steckte. Aber egal, mir war so warm ums Herz und ich fühlte mich federleicht. Als Joachim nach Hause kam, fand er zu seiner Freude eine anhängliche bis schwer verliebte Frau vor und ich fürchte, wir standen Frau Braun und ihrem Lebensabschnittsgefährten an diesem Abend in nichts nach. Zum Glück waren die Kinder bei ihren Großeltern.

Am nächsten Morgen wachte ich mit einem Brummschädel auf. So langsam lichtete sich der Nebel und die Gedanken bemächtigten sich wieder meines Kopfes. Joachim, der schon immer ein viertes Kind wollte, freute sich immer noch über meinen wiedererwachten Kinderwunsch. Bis er mein säuerliches Gesicht sah. Da musste er dann dringend ins Schloss.

Mit dem gleichen Blick bedachte ich im Übrigen auch Blankenfels, als er es am Nachmittag wagte, vorbeizukommen. Anstelle von tiefster Reue ergriffen zu sein, schüttelte er sich nur vor Lachen. Immerhin hatte er damals bereits im Kornkreis bemerkt, dass Frau Braun einen Joint geraucht hatte. Jetzt wurde mir auch Emmas und Joachims Verhalten klar, als sie damals von Frau Brauns Keksen gegessen hatten. Blankenfels im Übrigen auch. Er empfahl mir, mich stattdessen mit einer Tasse Kaffee auf die Terrasse zu setzen und einfach zu lauschen. Mir war alles recht. So saß ich also draußen und spitzte die Ohren.

Von jenseits der Hecke hörte ich Blankenfels: „Meine liebe Frau Braun, hier ist der Teller, auf dem diese leckeren Kekse waren."

Ich konnte Frau Braun zwar nicht hören, spürte aber förmlich, wie sie unter den Worten von Blankenfels errötete.

„Sagen Sie, meine Liebe, haben Sie die Kekse selber gebacken?"

„So, so. Und das Geheimnis ist der grüne Matcha Tee, den ihnen ihr Untermieter dafür gibt. Interessant. Sagen Sie so unter uns, kann ich von diesem Tee auch etwas bekommen?"

Matcha Tee? Ich kannte diesen starken grünen Tee. Der war nie und nimmer in den Keksen drin. Ich beobachtete, wie Frau Braun Blankenfels zu ihrem Gewächshaus führte. Leichenblass kam sie wenige Minuten später wieder heraus. Um Himmelswillen, was war passiert? Zitternd lief die alte Frau, sie war merklich gealtert, zum Wasserhahnen, füllte eine Gießkanne und lief damit zurück ins Gewächshaus. Nun hielt mich nichts mehr auf meinem Platz. Ich musste da hinüber.

„Keine Sorge, meine Liebe. Sie haben genau das Richtige getan und daher denke ich, braucht niemand etwas von unserem Geheimnis erfahren. Sorgen Sie nur dafür, dass auf ihrem Grundstück keine dieser speziellen Pflänzchen angebaut und in irgendeiner Form konsumiert werden," versuchte sie Blankenfels zu beruhigen.

Er sah sie eindringlich an und ich verstand wieder einmal nur Bahnhof. „Ach übrigens, sollte es im Frühling Nachwuchs im Hause Leuchte geben, sind Sie schuld und werden mit mir Pate sein", rief Blankenfels der verdutzten Frau zum Abschied zu.

Man sah Frau Braun förmlich an, wie sie krampfhaft versuchte zu ergründen, was ihr da an Geschehnissen im Hause Leuchte in der letzten Zeit entgangen waren.

„Es waren die Kekse, stimmt's?", wollte ich wissen. Blankenfels nickte.

„Und da war Gras drin?"

Blankenfels nickte nochmals und lachte schallend. „Unsere liebe Frau Braun hat nicht gemerkt, wie man ihr ein paar Marihuana Pflanzen untergeschmuggelt hat. Ihr Untermieter hat es ihr als Grüner Tee untergejubelt und versprochen, es ginge ihr dadurch bald besser."

„Na ja, ganz unrecht hatte er ja nicht." Mir kamen die Tränen vor Lachen. „Was nun?", fragte ich.

„Sie hat während meines Beiseins Unkrautvernichter über die Pflanzen gegossen und wird sich, sobald sie in der Lage ist, den jungen Burschen vornehmen. Ich denke, das ist viel wirkungsvoller als die Polizei."

Wo er Recht hat da hat er Recht, dachte ich und wischte mir die Tränen weg.

Joachim ahnte von alledem nichts. Er hatte sowieso andere Sorgen. Wieder war eine Botschaft auf die Wand in der Geheimschrift der Templer gesprüht worden. Dieses Mal allerdings nicht im Keller, sondern auf der Südseite des Schlosses. Dr. Schäfer war bereits dabei, die Botschaft zu entschlüsseln. „Schwierig. Aber definitiv droht der Schreiber mit Tod, wenn die Ausgrabungen an diesem heiligen Ort fortgesetzt werden."

„Mit heiligem Ort bezieht er sich auf den Fund des Kelches, nehme ich an?", hakte Joachim nach.

Dr. Schäfer nickte. Dann räusperte er sich, nahm verlegen seine Brille ab und putzte sie. Als er sie wieder aufgesetzt hatte, sah Joachim ihn abwartend an. „Wenn es tatsächlich der Gral ist, den sie da gefunden haben, dann würde ich ihn gerne sehen. Ich bezweifle es, denn selbst als Templer vertrete ich die Theorie, dass wir – die gläubigen Christen – es sind, die den Gral darstellen. Einen Kelch als solchen gibt es nicht."

Joachim überlegte kurz, zuckte gleichgültig mit den Schultern und meinte: „Ich denke, das geht in Ordnung."

Bereits am Nachmittag ging der Wunsch von Dr. Schäfer in der St. Martins Kirche in Flehingen in Erfüllung. Dort, im Safe, hatte man den vermeintlichen Heiligen Gral eingelagert. Behutsam hielt er den Kelch in seinen Händen. Vorsichtig drehte er das Gefäß und studierte es eingehend. Die Altarfenster warfen blutrote Schatten auf ihn. Joachim, Dr. Kössler und die anderen Herren vom Denkmalamt beobachteten ihn interessiert dabei.

„Wir wissen," erklärte Dr. Kössler, „dass französische Nonnen 1534 Zuflucht im Schloss gesucht haben. Sie stammten eben aus jenem besagten Kloster in Frankreich, in dem der Heilige Gral nach der Ermordung der Templer angeblich versteckt wurde. Wäre doch möglich, dass sie ihn auf ihrer Flucht nach Deutschland mitgebrachte haben."

Dr. Schäfer schaut auf, schüttelte den Kopf und legte den Kelch wieder in das für ihn eigens angefertigte Behältnis zurück. „Möglich ist alles, aber dennoch glaube ich es nicht. Wie ich bereist heute Morgen erklärte, existiert meiner persönlichen Meinung nach kein Gral. Zumindest nicht als Kelch im wörtlichen Sinne. Nach meiner Auffassung ist es ein Symbol, ein Gedanke, eine Lebenseinstellung. Und um auf den Wandteppich im Schloss zurückzukommen, den sie erwähnt haben, darauf nur Frauen abzubilden, denen die Männer in der Bibel unterlegen waren, ist absolut revolutionär und ein paar Jahrzehnte später hätte man die Nonnen als Hexen verbrannt. Was also hätte sie davon abgehalten, nicht irgendeinen versteckten Hinweis auf den Gral hineinzuknüpfen?"

Von der letzten Bank aus lauschte ich dem Gespräch der Männer. Ich hatte so meine persönliche Beziehung zu dieser Bank. Genau hier war mein Ur-Großvater gestorben. Niemanden hatte er dort zu Lebzeiten sitzen lassen. Irgendwann einmal schimpfte ein Kirchenbesucher: „Auf dem Platz wirst du noch sterben." So war es auch gekommen. Angeblich während der Predigt. Ja, so spielt das Leben. Die Tatsache, dass die Herren vom Denkmalamt seit den Drohungen nun überall im Ort Spuren der Templer sahen, fand ich ebenso interessant. Die Herren erhofften sich nun in der Kirche so einiges an Bestätigung für ihre Theorien. Nur dass Dr. Schäfer diese nicht bestätigte oder nicht sehen wollte. Anstelle den großen Hype zu nutzen, versuchte er alles, was man ihm zeigte, als unwichtig darzustellen.

„Aber das Auge Gottes über dem Hauptportal, da sehen Sie, das ist doch ein Zeichen der Templer beziehungsweise der Freimaurer", versuchte es Dr. Kössler erneut.

Dr. Schäfer stöhnte leise auf: „Dass es sich um eine Darstellung des allsehenden Auge Gottes handelt, steht außer Frage. Ebenso, dass es bei den Templern und Freimaurern ein verwendetes Zeichen ist. Nur Templer und Freimaurer haben nichts, aber auch gar nichts miteinander zu tun. Sicher ranken sich durch die Abbildung dieses Zeichen auf der Ein-Dollar-Note der USA Gerüchte, aber in dem Fall ist nur die Ausarbeitung des Glasfensters eine Geschichte wert. Sie ist äußerst beeindruckend. Dennoch bin ich mir sicher, es handelt sich hier um eine Modeerscheinung Anfang des vergangenen Jahrhunderts."

„Was ist aber mit den Templerkreuzen hier drinnen im Kirchenschiff und auf der Kirchturmspitze?", konterte Dr. Kössler mit hocherhobenem Kinn. Eine greifbare Spannung lag in der Luft. „Es kann sich dabei auch um Apostelkreuze handeln."

Es erweckte den Eindruck, als wollte Dr. Schäfer unbedingt keine Spuren der Tempelherren finden. Oder die Mystik, die um sie ragte. Hatte er vielleicht sogar vor etwas Angst?

„Bestimmt waren sie doch schon in der Grabeskirche?", hakte Dr. Kössler nach. Dr. Schäfer nickt stumm mit einem wissenden Lächeln um den Mund. „Ich weiß, worauf Sie hinauswollen."

„Das denke ich mir. Und, habe ich Recht?"

Ja, super, dachte ich. „Hallo, es ist unhöflich, die umstehenden Personen in ihrer Unwissenheit da stehen zu lassen!", ups, das hatte ich jetzt laut gedacht! Erschrocken sahen mich die beiden Herren an. Der Rest der Gruppe lachte, wobei ich mir sicher war, dass es ihnen ebenso wie mir erging und sie auch nicht Bescheid wussten.

„Entschuldigung." Dr. Schäfer drehte sich zu mir um. „Was Dr. Kössler vom Denkmalamt meint, ist Folgendes: Dass die Architektur, die Ausmalung und die ursprünglich geplante Ausgestaltung des Altarraumes in Flehingen als Anlehnung an die Grabeskirche beziehungsweise an den Tempel Salomons sein sollte."

„Ha, hab ich sie", meinte Dr. Kössler. „Deswegen wurden ja die Templer gegründet, zum Schutze des Tempel Salomons."

„Nein, als sie 1118 gegründet wurden, war der Tempel Salomons bereits durch die Römer zerstört. Sie wurden zum Schutze der Pilger gegründet und hatten ihr Quartier auf dem Tempelberg in der heutigen Al-Aqsa Moschee," erwiderte Dr. Schäfer und konnte sich bei seinen Erklärungen ein verschmitztes Lächeln nicht verkneifen.

Es war äußerst interessant ihn zu beobachten. Gedanklich stellte ich mir vor, wie es wohl aussehe, wenn er in vollem Ornat dastehen würde. „Was die Ähnlichkeit dieser Kirche mit dem Tempelberg oder der Grabkirche betrifft, so könnte die hiesige Grablege vorne links im Kirchenschiff ein Indiz sein. Aber eben nur ein Indiz dafür, dass der Pfarrer oder Architekt einem Tempelorden angehörte. Was wahrscheinlicher ist, ist dass sie eine Schwäche dafür hatten. Was noch wahrscheinlicher ist, ist die Tatsache, dass Anfang des letzten Jahrhunderts allerlei Geschichten und Mythen um die Templer „in" waren. Denn hätten sie von dem Gral im Schloss gewusst, so wäre er doch mit größter Wahrscheinlichkeit hier in der Kirche eingemauert worden." Eine kurze nachdenkliche Stille trat ein.

Zu gerne hätte ich sie unterbrochen. Unzählige Fragen gestellt. Aber die Spannung, mit der ich auf weitere Erklärungen hoffte, war größer und so hielt ich meinen Mund.

„Ich denke eher, ja, bin davon überzeugt, dass man mit dem Bau der Kirche in Form eines Tempels ein religiöses Zeichen gegenüber der jüdischen Gemeinde setzen wollte. Bevor sie dahinter aber ein antisemitisches Zeichen sehen, meine Herren, muss ich sie enttäuschen. Sowohl Templer als auch die Freimaurer wurden im Dritten Reich verfolgt. Die christliche so wie jüdische Gemeinde Flehingen hatte, wie ich hörte, ein sehr gutes Verhältnis. Der Tempel war hier ein Zeichen für Gemeinsamkeit."

Traurig sah ich mich in der Kirche um. Etwas Mystisches, Geheimnisvolles zu entdecken, wäre schon schön gewesen. Dr. Schäfer schien meine Gedanken zu erahnen. „Ich sage ja nicht, dass es so nicht ist. Jeder sieht, was er sehen möchte. Was aber jeder sieht ist, dass es sich hier um eine äußerst interessante, unverfälschte und wunderschöne Kirche im Jugendstil handelt. Ein Haus Gottes, das seinesgleichen sucht."

Joachim war der Einzige, den dies alles kalt ließ. Alles was jünger war als die Kelten oder Römer interessierte ihn nicht. Womöglich war das der Grund, weshalb ihn Dr. Schäfer zur Seite zog und eindringlich auf ihn einredete. Leider leise. Ich konnte mich noch so anstrengen, aber ich verstand nichts. Joachim verabschiedete sich mit einem Stirnrunzeln von dem Templer, wandte sich seinen Denkmalamtskollegen zu und fing für mein Empfinden viel zu begeistert ein Gespräch an. Was führte er im Schilde? Es war mir klar, wenn ich blieb, würde ich sie noch mehr mit Fragen löchern, also meinte ich zu Joachim: „Schatz, ich geh dann mal. Lass dir Zeit, ich will mir sowieso noch die vierte Tasche von Emmas Tante, die mit den Dokumenten, anschauen."

„Ist das die Frau, die ermordet wurde?", fragte mich völlig unvermittelt Herr von Maren vom Denkmalamt. Ich bejahte und ging.

Völlig erschöpft ließ ich mich auf einen meiner Terrassenstühle fallen. Mein Blick wanderte über die Hecke, die unser Grundstück von dem von Frau Braun trennte, hinüber zu unserem Brunnen. Einem sehr alten Brunnen aus der Römerzeit. Beziehungsweise die Überreste. Joachim hatte ihn vor drei Jahren ausgegraben, als er eigentlich die Kartoffeln heraushacken wollte. Nur langsam registrierte ich die verstreuten Zeichenblockblätter auf dem Terrassenboden. Seufzend schickte ich einen Blick zum Himmel. „Ich weiß, ich habe meine Malsachen nicht weggeräumt", raunte ich, „aber sage ich nicht immer zu meinen lieben Kleinen, sie sollen Mamas Sachen nicht anfassen? Mit Papas Sachen klappt das doch auch."

Genervt fing ich an, die unzähligen Blätter zusammenzulesen, bis ich die bunten Katzenpfoten darauf entdeckte. Ach, was ist das süß, dachte ich und beinahe, aber nur beinahe wäre mir ein Lächeln über die Lippen gehuscht. Da hatte ich schon bemerkt, dass die lieben Katzenpfoten sich nicht auf das Papier beschränkten, sondern auf den cremefarbenen Fliesen des Terrassenbodens weitergingen. Sie führten schnurstracks weiter auf dem Parkettboden im Wohnzimmer. Komisch, irgendwann muss doch die Farbe von den Pfoten weg sein? Aber nein, es war, als hätten kleine Kinderhände immer und immer wieder frisch in Farbe getaucht. So lief munter eine bunte Spur von drei Katzen durch meine Wohnung. Auf den weißen Fliesen in der Küche sah man sie noch besser. Auf dem neuen Granitfußboden im Gang bekamen sie einen 3D-Effekt. Zu guter Letzt verschwanden sie auf der Treppe ins Obergeschoss. Ich zählte bis zehn. Es gibt Leute, die sehen dies als Kunst an und bezahlen dafür viel Geld. – Es half.

Ich wollte mir doch den Inhalt der vierten Tasche ansehen. Das Putzen kann warten, ermunterte ich mich.

Die geflochtene Korbtasche war schwer und roch leicht nach Mottenpulver. Jedes Jahr ärgerte ich mich über Mottenlöcher in meinen Pullis, aber der Geruch von Mottenpulver hielt mich einfach davon ab, etwas dagegen zu tun. Der Geruch gehört in alte Schränke, Truhen oder Dachspeicher, nicht aber an meine Pullis. Zu der Tasche passte er auch. Das Papier, das ich ihr entnahm, war bereits gelblich und hatte diesen tollen Gripp, den altes Papier hat. Behutsam faltete ich Zeitungsartikel, Briefe und Dokumente auseinander. Ein kleines Heftchen fiel mir entgegen. Es war fein säuberlich mit altem weiß-roten Paketgarn mit einem kleineren Stapel Briefe zusammengebunden.

„Halleluja, auch das noch!“, fluchte ich leise. „Das hätte ich mir denken können.“

So gerne ich die Briefe gelesen hätte, so einfach war das leider nicht. Sie waren vor 1945 und somit in Sütterlin geschrieben. Bei den Zeitungen, also der gedruckten Version, hatte ich kein Problem, aber handschriftlich dagegen …

Enttäuscht lehnte ich mich im Stuhl zurück. Wer könnte mir dabei helfen? Das allerdings bedeutete, meinen Schatz mit jemanden teilen zu müssen. Also beschloss ich, mich erst einmal mit den Zeitungsartikeln zu befassen. In den meisten ging es um das Schloss, besser gesagt um die darin befindliche Erziehungsanstalt. Einen Artikel las ich zum Brand der Synagoge, einen anderen über entartete Kunst. An den Rändern waren mit Bleistift handschriftliche Notizen vermerkt, die ich beim besten Willen nicht entziffern konnte. Es war zum Verrücktwerden.

Ernüchtert lehnte ich mich zurück. War es vielleicht doch nur ein Einbruch gewesen? Jagte ich ein Phantom? Das Läuten der Haustürklingel hielt mich von weiteren Überlegungen ab.

„Mister Weingardner, Sie!?"

Erfreut musterte ich den großen, schlanken Mann, mit seinen weißen Haaren, Turnschuhen, Jeans und T-Shirt. Unmöglich, dass dieser Mann schon über achtzig war.

„Yes. Darf ich reinkommen?"

„Natürlich, bitte kommen Sie. Einen Kaffee?" Ich versuchte, mein Erstaunen nicht anmerken zu lassen.

„Entschuldigen Sie, dass ich hier so hereinplatze, aber man hat mir im Weingut gesagt, dass die Polizei mich sucht und dass es für mich besser wäre, wenn ich zuerst zu ihnen komme."

Ich musste erst einmal meine Gedanken sortieren und bot daher quasi als Zeitaufschub Herrn Weingardner einen Stuhl an und ging dann in die Küche, um einen Kaffee zu kochen. Als ich zurückkam, war er tief in die Briefe, die ich unachtsamerweise auf dem Tisch hatte liegen lassen, vertieft. In seinem Gesicht waren sämtliche Schattierungen menschlicher Regung zu lesen. Wut, Trauer, Freude, Enttäuschung, Begeisterung ... „Sorry, aber die Versuchung war zu groß."

„Das heißt, Sie können im Gegensatz zu mir noch Sütterlin lesen?", fragte ich hoffnungsvoll und mein Ärger über seine Indiskretion verflog bereits. „Ja.", bestätigte er stolz. „Und das, obwohl ich erst ein Jahr in der Schule gewesen war, als wir Deutschland quasi über Nacht hatten verlassen müssen." Ich rückte mit meinem Stuhl näher an den Tisch und beugte mich zu ihm hinüber. „Erzählen Sie doch bitte."

„Was gibt es nach all den Jahren zu erzählen. Für uns als Kinder war es spannend. Ein Abenteuer. Die lange Reise mit der Dampflok. Der Hafen, das große Schiff und dann der Anblick von Manhattan. Einfach grandios. Natürlich hatten wir Angst vor der Gestapo und überall am Hafen waren SA-Leute. Das ist auch der Grund, weshalb ich zuerst mit Ihnen und nicht gleich mit der Polizei sprechen möchte. Es ist unfair der heutigen deutschen Polizei gegenüber, ich weiß. Wenn aber meine Mom von damals erzählte, dann eben immer vor der Angst, die Gestapo könnte sie festnehmen, die Reiseerlaubnis entziehen usw. Sie war eine wundervolle Mutter gewesen. Egal wie groß ihre Angst, ihre Sorgen gewesen waren, sie hat es uns nicht merken lassen. Auf der Überfahrt hat sie wie all die anderen Juden auf dem Schiff gearbeitet, um das Essen zu bezahlen. Sie hatte sich zwar von einem Flehinger Schuster 200 Reichsmark in den Absatz ihres Schuhes einarbeiten lassen, die Angst aber selbst auf dem Schiff noch von der Gestapo überwacht zu werden, war so groß, dass sie es nicht wagte, das Geld anzurühren und so blieben uns nur zehn Reichsmark pro Person. Nicht gerade viel." Er lächelte, aber es lag Bitterkeit darin.

„Aber es ist vorbei und ich will ohne Groll leben. Eigentlich bin ich gekommen, um meine Heimat wiederzusehen, denn das war und ist Flehingen noch immer für mich."

Ich war ganz gerührt und ein dicker Kloß saß mir im Hals.

Herr Weingardner wurde ernst: „Es ist furchtbar, was mit der alten Lady geschehen ist und ich gebe mir die Schuld daran."

„Wieso?", wollte ich erstaunt wissen.

„I don't know. Clara wollte sich mit mir treffen und dann war sie tot." Behutsam fasste ich seine Hand. „Nun vielleicht können Sie mir dann bei der Lösung des Falles helfen." „Sehr gerne!", meinte er und lächelte mich aufrichtig an. Nein, er war nicht der Mörder. Dessen war ich mir sicher.

Wir wandten uns den Briefen zu. Sie waren von einem der Insassen des Erziehungsheims geschrieben. Sein Name war

Erich. Es war Feldpost an den Vater von Emmas Tante, einen Herrn Bausch gerichtet. Herb, die Abkürzung für Herbert, wie ich Herrn Weingardner inzwischen nennen durfte, las sie mir vor. Es waren Berichte über Kunstwerke, die er in Sicherheit bringen musste, seine Freude darüber, sie sehen, bestaunen und auch anfassen zu können. Immer wieder unterbrach Herb sein Vorlesen. Runzelte die Stirn und sah kurz nachdenklich aus dem Fenster. Es schien, als ob ihn Fetzen von Erinnerungen streiften.

„Findet sich hier irgendwo ein Bild von diesem Erich?“, fragte er schließlich.

Ich überlegte kurz, griff nochmals in die Tasche. „Irgendwo war eine Meldekarte. Einen Moment, ja hier, das dürfte er vielleicht sein.“

Ich reichte Herb das alte braune Heftchen. Er schlug es auf und sein Gesicht wirkte auf einmal fahl und trostlos. Seine Augen spiegelten aber den Glanz schöner Erinnerungen wieder.

„Oh yes, that's Erich.“ Behutsam strich er über das Foto.

15

Flehingen, 9. September 2016. Wo sollte ich anfangen und wo aufhören. Es ergab alles keinen Sinn. So schnappte ich mir mein Rad und fuhr nach Sickingen aufs Weingut. Eine angenehme Kühle empfing mich, als ich die Tür zum Gewölbekeller aufschlug. Wenn ich es recht betrachtete, so hatten Blankenfels und ich, in den letzten drei Jahren, die Mordfälle immer beim Wein gelöst. In vino veritas. Im Wein liegt die Wahrheit.

Bedächtig strich ich über die Holzfässer. Sie fühlten sich trocken an. Der Wein war bereits abgefüllt und die Fässer leer und gesäubert. Sie warteten nun im Herbst, darauf wieder von Neuem mit dem herrlichen Saft der Reben befüllt zu werden. Jetzt, während der Weinlese, musste ich ein Stück weiter ins Flaschenlager gehen, um an den herrlichen Rebensaft zu gelangen. Lange Regalreihen mit dunkelgrünen Flaschen begrüßten mich. Mir war heute lieblich zu mute, also suchte ich mir einen Gewürztraminer. Öffnete mit dem mitgebrachten Korkenzieher die Flasche. Prüfte fachmännisch den Korken und zog genießerisch den würzig, süßen Duft des Weines ein. Da hörte ich jemand hinter mir aufseufzen. Ehe ich etwas sagen konnte, streckte er mir sein Weinglas entgegen.

„Ich hatte schon befürchtet, dass wir uns diesmal nicht unserer bewährten Untersuchungsmethode bedienen", Blankenfels grinste. „Es wird höchste Zeit dafür."

Golden floss der Wein ins Glas. Gedankenverloren schwenkten wir unsere Gläser, ehe wir einen Schluck davon nahmen.

„Ich verstehe dieses Mal überhaupt nichts. Vielleicht fehlt mir der nötige Abstand", meinte ich zu Blankenfels und setzte mich auf eine umgedrehte Weinkiste.

Blankenfels tat es mir gleich und nickte: „Es wäre eine große Hilfe, wenn ich wüsste, ob all die Ereignisse etwas miteinander zu tun haben oder getrennt betrachtet werden müssen."

Ich gab ihm recht: „Der Mord an Emmas Tante und der Einbruch in ihrer Wohnung dürften ein und dieselbe Person sein."

Blankenfels nickte.

„Und wer ist für das Auftauchen der Templerzeichen, der ominösen Geheimschrift im Innenhof des Schlosses sowie der Kornkreise verantwortlich?," fragte ich.

Blankenfels trank einen Schluck und schwenkte das Weinglas. „Irgendetwas in mir sträubt sich dagegen. Eher würde ich die Kornkreise mit Frau Brauns Keksen zusammenbringen."

Der Gedanke an die Kekse trieb mir die Schamesröte ins Gesicht. Rasch wand ich mich einer neuen Flasche Wein zu. Der Gewürztraminer war nur eine Halbliterflasche gewesen. Ein Port aus 18% Lemberg, ach was soll es.

Blankenfels Augen blitzen auf, als ich ihm einschenkte.

„Für die Kornkreise haben wir einen selbsternannten Künstler im Visier. Vermutlich wollte er den Rummel um die Gralsgeschichte ausnutzen."

„Genau den gibt es ja auch noch. Wann wird sich herausstellen, ob er echt ist?"

„Demnächst. Joachim hat da auch von einem Dr. ... Moment mal", Blankenfels holte sein Notizbuch heraus, „Schäfer einen interessanten Tipp bekommen, dem wir nachgehen."

Ich erinnerte mich wieder daran, wie er Joachim in der Kirche auf die Seite genommen hatte. Warum war mein Mann nur so verschwiegen. Das war Behinderung meiner Aufklärungsarbeit.

Der Port schmeckte lecker und so stürzten wir uns in die Nachforschung. Das Leben konnte so schön sein. Die Auswirkungen waren nicht dieselben wie bei den Keksen, dafür schmeckte aber der Wein um einiges besser. Spät am Abend fand Joachim uns im Keller lachend vor. Blankenfels übergab er Frau Rettinger vom Weingut und mich brachte er kopfschüttelnd nach Hause. Hatte er gehofft, ich würde die gleichen Anwandlungen wie nach Frau Brauns Keksen zeigen, so musste ich ihn enttäuschen. Kaum im Bett, schlief ich auch schon tief und fest. Dass ich dabei noch gotterbärmlich schnarchte, war selbstverständlich.

Den Schaden bemerkten wir erst am nächsten Morgen. Die Terrassentür war aufgehebelt worden. Eine Tatsache, die durch die lange Gardine verdeckt war und erst durch die feine Nase unseres Hundes entdeckt wurde.

„Es scheint nichts weggekommen zu sein", stellte Joachim erleichtert fest. „Komisch. Vielleicht hat dein Schnarchen den Einbrecher erschreckt."

Dafür hatte ich nur einen gehässigen Blick übrig. „Es fehlt etwas, ich weiß nur im Moment nicht, was, aber es fehlt etwas."

Mehrmals durchschritt ich das Zimmer, drehte mich um meine eigene Achse und blieb abrupt stehen.

„Natürlich! Die Handtaschen. Ich hatte sie hier neben dem Wohnzimmertisch liegen und auf dem Tisch lagen die Briefe von Erich."

Ich wusste nicht, was mich mehr ärgerte, dass man mir die Handtaschen geklaut hatte oder dass ich den Hinweis, der sich darin befinden musste, nicht erkannt hatte.

Joachim rief Blankenfels an und dieser kam sofort aus dem Weingut herüber. Etwas blass um die Nase, aber das würde nach einer frischen Tasse Kaffee schon werden.

„Ich verstehe es nicht", meinte auch er. „Was haben wir übersehen?"

Dankend nahm er von Joachim einen Kaffee plus Aspirin an.

„Ach übrigens, die Untersuchung der durchgedrückten Schrift auf der Schreibunterlage von Tante Clara ist fertig. Er zückte sein Smartphone. „Kam heute Morgen. Ich brauche unbedingt diesen Ami."

Lieber Herbert,

es war mir klar, irgendwann würde dieser Tag kommen. Der Tag, an dem ich Rechenschaft über das Unterlassen meines Vaters – euch das Gemälde nach Amerika zu schicken – und nach seinem Tod über das meinige ablegen muss.

Ich kann dich nur um Entschuldigung dafür bitten, dass ich das Bild behalten habe. Ich bin mir im Klaren darüber, dass es eigentlich keine Entschuldigung für meinen Eigennutz gibt. Ich habe mein Unterlassen immer damit begründet, dass dein Vater ja das „Original" bei sich in New York hatte.

Bitte verzeih mir!
Clara

Verdutzt sah ich Blankenfels an. „Meint sie hier das gestohlene Bild?"

Blankenfels zuckte mit den Schultern. „Ich sage doch, ich brauche den Ami."

„Und hier bin ich."

Blankenfels drehte sich erschrocken um. Von uns unbemerkt, war eines meiner Kinder mit Herb Weingardner ins Wohnzimmer gekommen.

„Mami, der Mann stand an unserer Haustür und hat gesagt, er müsse dringend mit dir reden."

So viel zum Thema „Lasst keine Fremden ins Haus".

„Danke Schatz, aber du weißt ..." Mein erhobener Finger ließ die Kleine allerdings kalt.

Blankenfels musterte Weingardner eindringlich. Seine von der Sonne Kaliforniens gebräunte Haut war ein toller Kontrast zu den leuchtend blauen Augen. Blankenfels streckte auch ihm das Smartphone wortlos hin.

Herb las die an ihn gerichteten Zeilen. Legte das Smartphone auf den Wohnzimmertisch und setzte sich in einen Sessel. Es war das erste Mal, dass ich ihm sein Alter von über 80 Jahren ansah. Er betrachtet lange seine Hände, bis er endlich das Wort an Blankenfels wandte.

„Es stimmt, mein Vater hatte quasi das „Original" und es war ihm wichtiger, seine Frau lebend in den Armen zu halten als nur ein Gemälde meiner Mutter an der Wand. Es mag sein, dass meine Eltern anfänglich auf das Bild warteten. Es hat ihnen sehr viel bedeutet, aber ich kann mich ehrlich gesagt nicht mehr daran erinnern. Mein neues Leben in Amerika nahm mich als Kind und Jugendlicher mehr in Anspruch als in Flehingen."

Herb lächelte. Er wirkte wieder frisch und unbefangen.

„Selbstverständlich durchfuhr es mich wie ein Schock, als ich das Bild in der Ausstellung wiedersah. Alle Erinnerungen daran kamen auf einmal wieder in mir hoch. Bereits in dem Augenblick war mir klar, dass ich es zurückfordern werde. Nicht wegen des künstlerischen Wertes, falls sie mir das unterstellen wollen, denn ich denke, es wird keinen haben, aber wegen dem Ideellen. Denn meine Eltern sind, wie sie sich ja sicher anhand meines Alters denken können, gestorben. – I want it back."

Energisch stand Herb auf. „Ich weiß, ich bin jetzt der Hauptverdächtige für sie, aber gemordet hätte ich nicht dafür. Clara hätte es mir freiwillig gegeben. Sie hatte es mir, als ich kurz mit ihr sprach, gesagt. Wir wollten uns deswegen treffen. Ich machte ihr ja auch keine Vorwürfe."

Mit einer Träne im Auge erzählte er, wie sie beide als Kinder fasziniert dabei zugesehen hatten, als seine Mutter gemalt wurde. Für eine Generation, die weder Fernsehen, Internet noch Computer kannte, war dies ein Ereignis.

Clara war fasziniert von dem Kleid, das Herbs Mutter trug. Die Art wie sie auf dem Stuhl saß. So elegant. Nicht wie die anderen Frauen im Ort mit ihren dunklen Kleidern, den abgeschafften Händen, den Gesichtern von der Feldarbeit gegerbt, wie sie abends müde auf der Küchenbank saßen.

Herb liebte es, seine Mutter glücklich zu sehen. Den Lichteinfall in das Atelier, die Gerüche, die Farben.

Es dauert bisweilen lange bei mir, aber nun durchfuhr es mich wie vom Blitz getroffen: „Wo war das Atelier? Und hat jemanden deine Mutter fotografiert, als sie gemalt wurde?"

Wieder lief ich durch das Wohnzimmer. Wo hatte ich es hin? Ich wusste genau, ich hatte die Fotografie nicht zurück in die Handtasche gesteckt.

Herb sah zuerst mich und dann Blankenfels fragend an.

„Nein, sie ist normal. Denke ich", war Blankenfels Antwort.

„Und ich glaube, ich weiß sogar, worauf sie hinaus will. Ja das ist es! Der Beweis dafür, dass das Bild nicht von Klimt sein kann. Stimmt's?", rief Blankenfels aus.

„Ja, und ich nahm das Foto aus der Handtasche raus. Genau hier ist es." Ich zog es zwischen meinen Templer-Bücher heraus. Ich weiß, da gehört es nicht hin! Aber es hat doch jeder so sein persönliches nach seinen Bedürfnissen ausgerichtetes Ablagesystem.

Blankenfels riss es mir förmlich aus den Händen, sah es an und reichte es erwartungsvoll an Herb.

„Amazing! Yes!“ Er fand offensichtlich keine Worte. Stumm nickte er nur immer wieder.

Der Raum schien ihm zu eng zu werden und so öffnete ich die Terrassentür und wir gingen nach draußen. Der alte, große Mann kämpfte mit den Tränen. Schließlich schien er seine Gefühle wieder im Griff zu haben.

„Ja, das ist das Atelier und die wunderschöne mittelgroße Frau ist meine Mutter, und wenn Sie genau hinschauen, dann können Sie auf dem Fußboden zwei Schatten erkennen, die sind von Clara und mir.“

Tatsächlich. Jetzt, wo wir es wussten, sahen wir sie.

„Das Foto hat ein Freund meines Dads gemacht. Er war Schuhmacher hier am Ort. I think his Name was Oswald Lingenfelser.“

„Endlich eine Spur!“, Blankenfels klatschte begeistert in die Hände.

Herb sah ihn nachdenklich an. Dann setzte er sich müde in einen Stuhl. „Ist Clara wegen des Bildes ermordet worden?“

Ich nickte.

Blankenfels meinte förmlich: „Wir gehen davon aus.“

Herb sah ihn mit einem harten Gesichtausdruck an. „Dann lasst uns dieses Kerl finden.“

16

Flehingen, 10. September 2016. „Jawohl, mittendurch. Perfekt vor das Schweinchen!“, rief ich und klatschte begeistert in die Hände, hüpfte wie ein kleines Kind auf und ab, um dann mit einem süffisanten Grinsen in Richtung Männer zu schauen.

„Kein Wunder. Wer andere mit einem Blasrohr abschießen kann“, spöttelte Blankenfels sofort.

„Das ist jetzt aber unfair. Vor allem wenn ich daran denke, dass vor zwei Jahren tatsächlich jemand mit dem Blasrohr ermordet wurde“, beschwerte ich mich.

Nur ungern erinnerte ich mich an die drei Morde, die sich ereignet hatten. Was konnte ich schon dafür, dass ich seinerzeit in der Grundschule die Beste im Umgang mit dem Spuckrohr gewesen war. Vor dreißig Jahren benutzten wir dicke Trinkhalme aus Plastik und kein Blasrohr aus Holz, wie es die Mordwaffe gewesen war. Mit der ich, nebenbei erwähnt, ebenso gut umgehen konnte.

„Mist!“, entglitt es Thorsten. „Auf was habe ich mich da wieder eingelassen. Dieses blöde Schwein erreiche ich einfach nicht.“

Emma streichelt ihm tröstend über den Arm und gab ihm einen Kuss. „Schau Schatz, so geht das. Mit viel Gefühl und Hingabe.“

Emma hob eine silbrige Kugel vom Boden auf, drehte sie behutsam in ihren Händen und ging leicht in die Knie, nahm die Kugel in ihre rechte Hand, holte mit dem Arm von hinten Schwung und warf sie von unten in Richtung Cochonnet, dem kleinen Schweinchen. Die Boulekugel landete etwa zwei Meter weiter auf dem sandigen Weg vor dem Schloss. Rollte aus, glitt zwischen den anderen vor dem Schweinchen befindlichen Kugeln hindurch und blieb keinen fingerbreit vor der kleinen Holzkugel, dem Schweinchen liegen.

„Da sieht man es wieder. Meine Frau hat Schwein gehabt", meinte Thorsten grummelnd.

„Nö, regelmäßiger Urlaub in Südfrankreich. Nirgends lernst du besser Boule spielen als unter der Sonne der Côte d'Azur."

„Ach," meinte Joachim, der nun an der Reihe war, „ich finde es unter der Sonne Badens auch ganz schön. Einen guten Wein aus dem Sickinger Humst und im Picknickkorb lauter feine Sachen."

Zielstrebig nahm er seine Kugel vom Boden auf. Zielte, wurde aber für den Bruchteil einer Sekunde von einer vorbeifliegenden Amsel abgelenkt und warf. Die Boulekugel landete mit viel Schwung im Gras. Rollte in die naheliegende Ligusterhecke, aus der ein jammernder Aufschrei ertönte.

„Ach herrje, was war das? Doch nicht einer dieser Gralsjäger, die immer noch hier herumschleichen?", rief Joachim geschockt.

„Ich fürchte eher du hast den Schlossgeist getroffen", spöttelte Blankenfels. „Zum Glück ist der schon tot, ansonsten müsste ich dich wegen Totschlags festnehmen."

„Ich sehe schon die Schlagzeile vor mir: Schlossgeist mit Boulekugel erschlagen."

Der Schlossgeist entpuppte sich als Timmy, der Schlosskater, der wohl in der Hecke sein Mittagsschläfchen abgehalten hatte und nun ziemlich mürrisch auftauchte. Mit hocherhobenem Schwanz lief er an uns vorbei.

„Der Arme!", murmelte ich.

Emma breitete derweilen neben dem Kinderwagen ihrer kleinen Clara die Picknickdecke aus. Aus dem Picknickkorb zauberte sie einen kühlen Secco vom Muskat-Trollinger, Mineralwasser, Blätterteigtaschen gefüllt mit gegrilltem Gemüse und Schafskäse und eine Aprikosentarte.

Während wir Platz nahmen, sah sie mich fragend an.

„Wir wissen jetzt zumindest was das Motiv sein könnte."

Blankenfels sah sie niedergeschlagen an. „Es tut mir leid Emma, aber den Täter kennen wir noch nicht."

Emma versuchte tapfer zu lächeln, aber jeder konnte sehen, wie sich ihre Augen mit Tränen füllten.

Thorsten nahm sie in den Arm. „Schatz, lass ihnen noch etwas Zeit. Sie bekommen ihn. Das verspreche ich."

Blankenfels nickte zuversichtlich. „Immerhin wissen wir, dass der Grund das gestohlene Gemälde ist. Ich habe auch keine Bedenken, dass wir den Kunsthändler, dem das Bild angeboten wurde, noch weich kochen können, um eine Spur zu erhalten."

„Genau" stimmte ich zuversichtlich zu, „Herr Weingardner hat ebenfalls versprochen, mit uns zusammenzuarbeiten. Er hat in die Staaten zu seiner Frau gemailt, dass sie uns ein Foto schicken soll, auf dem das Gemälde mit seiner Mutter abgelichtet ist. Zum einem, um seinen Besitzanspruch zu klären und zum anderen, um damit dem Täter eventuell eine Falle zu stellen. Wie, weiß ich auch noch nicht, aber da fällt unserem Kommissar bestimmt etwas ein."

Was ich zu dem Zeitpunkt noch nicht wusste war, dass Blankenfels schon eine bestimmte Spur verfolgte. Dass Männer immer so verschwiegen sein müssen. Im Moment jedoch genossen wir den schönen Herbsttag und sahen belustigt den Esoterikern zu die, immer noch im Schlosspark ihr Unwesen trieben. Die Gralsgeschichte schlug weiterhin zur Freude des

Flehinger Einzelhandels hohe Wellen. Der Bauer, auf dessen Feld sich die Kornkreise befanden, verlangte inzwischen Eintritt. Für das Getreide, das den Kornkreisen nicht zum Opfer gefallen war, hatte er schon Käufer, die anscheinend bereit waren, nach der Ernte Unsummen dafür zu bezahlen. Seitdem war der Bauer jeden Sonntag in der Kirche zu sehen. Er wollte sicherstellen, dass Pfarrer Treulich auch brav jedes Mal den Wettersegen sprach und es ihm somit die Ernte nicht verhageln würde. – Dass die Polizei den Macher der Kornkreise inzwischen dingfest gemacht hatte, verriet er natürlich nicht. Denn dann wäre sein teuer verkauftes Korn wertlos.

Genauso wertlos wäre das Bild von Emmas Tante. Es würde sich zwar sicher ein Käufer für das schöne Gemälde finden lassen. Das Motiv war bezaubernd. Die Linienführung und die Farbgebung ein wahrer Genuss. Aber ohne die Bestätigung, ein echter Klimt zu sein, natürlich nicht im sechsstelligen Bereich zu verkaufen.

Während Joachim sich schon hingelegt hatte, sah ich hinaus in den Abend. Bei Frau Braun blieb alles still. Die Rollläden waren unten. In ihrem Garten waren sämtliche Utensilien, die an ihre jüngste Verwandlung erinnerten, verschwunden. Auf meinem Nachttisch lag noch das Notizbuch. Ein Zeichen dafür, dass der Täter nur nach den Taschen gesucht hatte. Woher wusste er eigentlich davon? Das müsste doch den Kreis der Verdächtigen einschränken? Ich schob mir einen Sessel ans Schlafzimmerfenster und fing an in dem spärlichen Licht, das die neuen Straßenlampen mit ihrer Sparbeleuchtung auf den Gehweg warf, in dem Notizbuch zu blättern.

Mein Herz schlug mir bis zum Hals, als ich eine eingeklebte Seite eines Ausstellungskataloges las. Es ging um ein Gemälde von Max Ernst mit dem Titel „Morgenröte“. War das nicht das

Bild, das erst neulich als Dachbodenfund in Heidelberg aufgetaucht war? Zu dumm, dass ich die handschriftlichen Vermerke nicht lesen konnte. Ich würde mit dem Notizbuch gleich morgen zu Herb gehen.

Der Kaffee war heiß und das Frühstücksei perfekt wachsweich. So konnte der Tag beginnen.

Urplötzlich verdunkelte sich der Himmel. Eine Windböe peitschte über die Terrasse. Noch ehe Joachim den Sonnenschirm festhalten konnte, flog er um.

„Wo kommt dieses Unwetter auf einmal her?", rief ich und versuchte den Brotkorb vom Tisch zu retten. „Mama es blitzt", jammerte meine Jüngste und klammerte sich an mein Bein.

„Dann rasch ins Haus!"

Den beiden Großen drückte ich den Brotkorb und die Kaffeekanne in die Hand. Bis ich das Geschirr und den Rest unseres Frühstücks auf das Tablett gestellt hatte, goss es bereits wie aus Kübeln. Eine Dusche würde heute nicht mehr nötig sein. Bedrohlich peitschte eine Windböe nach der anderen den Regen durch unseren Garten. Die dunklen Wolken entluden sich sintflutartig. Blitze zuckten aus ihnen hervor und ließen meine Kinder aufstöhnen. Ein heftiger Donnerknall ließ selbst mich aufschreien.

„Nun hat es wieder in den Kirchturm eingeschlagen. Dann ist das Gewitter gleich vorbei", bemerkte Joachim und wollte mit dieser Beobachtung eigentlich die Kinder beruhigen, nur schien das nicht so richtig zu funktionieren.

Mit dem Unwetter sollte er recht behalten. Nicht so mit dem Kirchturm.

Das Aufheulen der Feuerwehrsirene zeigte, dass es nicht in den Kirchturm, sondern in die ehemalige Schreinerei im Schloss eingeschlagen hatte. Unglücklicherweise in das alte

Holzlager. Binnen kürzester Zeit stand ein Teil vom Dachstuhl des T-förmigen Gebäudes in Flammen. Glücklicherweise war die Feuerwehr schnell vor Ort und konnte ein Übergreifen auf das Hauptgebäude verhindern.

Eine Stunde später begutachtete ich zusammen mit Joachim die dampfenden Überreste des Holzlagers. Der vordere Teil der Schreinerei war vom Feuer verschont geblieben. Das Löschwasser hatte dennoch genug Schaden angerichtet. Während der Feuerwehrkommandant mit Joachim über den möglichen Schaden sprach, kam Herr von Maren angestürmt. Joachim wollte dem schockierten Mann die Sachlage erklären, doch dieser stieß ihn nur achtlos zur Seite und rannte, die wüstesten Verwünschungen ausstoßend, auf das Gebäude zu.

„Ja, ist der denn wahnsinnig!", rief einer der Feuerwehrleute und hechtete ihm nach.

Herr von Maren wehrte sich gegen den Griff des Feuerwehrmannes wie ein Verrückter. Voller Erstaunen beobachteten wir die Szene.

Ich zupfte Joachim an dem Ärmel seines hellblauen Hemdes. „Komisch oder nicht?"

Fragend sah ich Joachim an. Seine Augen blitzen verschwörerisch auf. „Du hast recht. Bei dem Mann ist mehr als eine Schraube locker. Da werden wir wohl in der nächsten Zeit besonders ein Auge auf ihn werfen müssen. Vor allem werde ich dem Brandmeister das Versprechen abnehmen, als Erster in die Brandruine zu dürfen."

Während er dies sagte, holte er bereits sein Handy aus der Hosentasche. Er wählte eine mir allzu bekannte Nummer in Karlsruhe. Joachim ging – damit niemand und somit auch leider ich nicht, nichts von seinem Gespräch mitbekam – hinter das Schwesternhaus. Derweilen beobachtete ich argwöhnisch das Verhalten unseres lieben Herrn von Maren. Unruhig lief er auf und ab. Von Zeit zu Zeit versuchte er sich an den Feuerwehrmännern vorbeizuschleichen. Natürlich hatte er keine Chance. Diese ließen ihn ebenso wenig aus den Augen wie ich. Erst als man ihm versicherte, dass vor morgen früh niemand in das Gebäude durfte, schien er sich zu beruhigen. Kurze Zeit später verschwand er dann.

Bursche, Bursche, dachte ich. Da stimmt doch etwas nicht. Habe ich mich so in ihm geirrt?

Doch damit nicht genug mit den Überraschungen. Als ich auf dem Rückweg an Frau Brauns Haus vorbeikam, stellte ich fest, dass sie wieder ihr graues Kostüm und ihren Dutt trug. Und damit nicht genug. Ein Taxi fuhr an mir vorbei und hielt in ihrer Einfahrt. Ich schaffte es gerade noch rechtzeitig auf meine Terrasse um festzustellen, dass ihr Lebensabschnittsgefährte einstieg und davonfuhr.

Arme Frau Braun. Nun tat sie mir doch ein wenig leid. Es schien als wischte sie sich eine Träne weg, um sich dann im selben Moment über eine Zigarettenkippe, die in ihrer Hofeinfahrt lag, aufzuregen, Herzlich Willkommen zurück, dachte ich schmunzelnd.

Den Rest des Vormittages verbrachte ich zusammen mit Herb Weingardner im Weingut. Zusammen durchforsteten wir das Büchlein aus der Korbtasche. Es enthielt detaillierte Angaben über Ausgaben für Malutensilien wie Pinsel, Leinwände, Farben und Malkittel. Daneben standen die Einnahmen für verkaufte oder im Auftrag gemalte Bilder. Ein ganz hübsches Sümmchen war da für die Anstalt zusammengekommen. Interessanterweise fanden sich dazwischen Katalogseiten von Aktionshäusern. Teilweise mit Fotos versehen, in der Regel allerdings nur mit der Beschreibung des jeweiligen Gemäldes. Neben dem Startpreis war oftmals handschriftlich der wohl erzielte Auktionspreis notiert. Auch Bemerkungen wie Erich, Heinz, Bruno oder

Max. Wir gingen davon aus, dass dies die Namen von den Anstaltszöglingen waren, die sich vermutlich an den jeweiligen Bildern versucht hatten.

Und da war es wieder, das uns inzwischen gut bekannte Foto. Allerdings aus einem anderen Blickwinkel, aber die selbe Szene. Herta Weingardner wie sie Modell stand. Dazu die genauen Angaben der Kosten, Dauer und des erzielten Preises: 1.000 RM. Beachtlich. Das lag bestimmt an der großen Menge von Blattgold, die verarbeitet wurde.

„Wenn das alles hier rum ist, dürfte ich dann diese Seite bitte bekommen?", fragte Herb mit belegter Stimme.

Ich nickte stumm. „Steht da auch wer es gemalt hat?"

Herb sah sich nochmals die Aufzeichnungen an und schmunzelte.

„Was ist?", fragte ich. „So wie es aussieht, war mein Vater ein eitler Mann." Herb lachte belustigt auf. Hier steht: „Herr Weingärtner zahlt 50 RM extra, wenn Erich mit Klimt unterzeichnen würde. Seine eigene Signatur wird er in die Rose machen."

„Das ist aber sehr interessant", sagte ich sichtlich überrascht. „Somit ist das Bild kein echter Klimt!"

Sein Gesichtsausdruck vermittelte mir das Gefühl, dass diese Tatsache ihm nicht wichtig wäre. Ich spürte, dass er im Augenblick wieder der kleine Junge war, der dabei zusah, wie seine Mutter gemalt wurde.

„Ich weiß jetzt wieder, wo das Atelier war. Oben über der Schreinerei. Im Sommer war es dort nicht besonders angenehm, trotz der offenen Dachfenster. Aber es hatte auch etwas Mystisches im Halbdunkeln unter dem Dach. Der Staub tanzte im Sonnenlicht und in den Wassergläsern für die Pinsel und auch Farben brachen sich die Sonnenstrahlen wie in einem Kaleidoskop."

Herb hielt in seinen Erinnerungen kurz inne, betrachtete das Bild erneut und seufzte. „Sie war eine hübsche Frau. Und sie hat es genossen, das auch einmal ausleben zu dürfen. Auf der Dorfstraße war das nicht möglich, das hätte einen riesen Skandal gegeben. Das Bild kam dann auch ins Schlafzimmer, nicht, dass noch jemand daran Anstoß fand."

Ich sah ihn verständnislos an. „In Berlin hätte es zum guten Ton gehört, das sich die Dame des Hauses porträtieren ließ, aber doch nicht hier auf dem Land und schon gar nicht so modern."

Herb lachte.

17

Baden-Baden, 11. September, am Vormittag. Blankenfels war inzwischen auf dem Weg nach Baden-Baden. Bei einem Gespräch unter vier Augen, sicherlich auch mit etwas Druck, hatte der Kunsthändler in Karlsruhe ihm verraten, dass der Klimt in der Zwischenzeit von einem Russen gekauft worden war. Allerdings habe er das Geschäft nicht vermittelt. Auch er habe in der Rose die Signatur Erichs gefunden. Der Russe, der in Baden-Baden in einem Hotel wohne, wolle davon nichts wissen. Er war der Meinung, das könne man übermalen lassen und hätte gelacht. Sprich, er wollte Erichs Signatur übertünchen. Was er für das Gemälde bezahlt habe, wisse er auch nicht, denn das Geschäft sei nicht bei ihm abgeschlossen worden. Blankenfels ließ sich Name und Anschrift des Hotels geben, bedankte sich für die gute Zusammenarbeit und machte sich auf den Weg nach Baden-Baden.

Er lenkte seinen Dienstwagen, glücklicherweise einen Mercedes, in die Schillerstraße. Mit seinem alten Jeep hätte er in der Schillerstraße höchst wahrscheinlich keinen so guten Eindruck hinterlassen. Das Brenners Park-Hotel war die Adresse in Baden-Baden. Gegenüber der Lichtentaler Allee an der Oos nicht weit von der Spielbank und den luxuriösen Einkaufsmöglichkeiten gelegen. Die Nacht gab es hier, wie Blankenfels an der Rezeption im Hausprospekt lesen konnte, bereits schon ab 367 Euro. Im Angebot wohlgemerkt.

Den Gast, den der Portier gerade zu erreichen versuchte, wohnte natürlich in einer Suite, die einer anderen Preiskategorie angehörte.

„Es tut mir leid, aber Herr Petrinski ist beschäftigt und lässt ausrichten, dass er keinen Besuch wünsche."

Blankenfels nahm seine Sonnenbrille ab, legte diskret seinen Dienstausweis auf die Theke und meinte: „Wetten doch?"

Der Portier verzog keine Miene. Gut geschultes Personal oder sie sind einiges gewohnt, dachte Blankenfels und wartete.

Es wurde nochmals in der Suite angerufen. Der Portier legte formvollendet den Hörer auf das Haustelefon und bat Blankenfels mitzukommen. „Der Sekretär wird sich Zeit für Sie nehmen. Wenn Sie bitte so lange hier in diesem Besprechungszimmer warten möchten. Darf ich Ihnen einen Kaffee bringen lassen?"

Blankenfels zögerte kurz und nickte. Es bot sich nicht oft die Gelegenheit, in solch einer noblen Umgebung einen Kaffee und dann noch auf Kosten des Hauses zu trinken. Der Sekretär des Herrn Petrinski ließ auf sich warten. Pure Absicht, dachte Blankenfels. Er kannte die Spielchen und würde bestens mitspielen.

Der Sekretär war ein durchtrainierter Kasten. Blankenfels fragte sich, wo er wohl häufiger seine Zeit verbrachte, an seinem Schreibtisch oder im Fitnesscenter.

In einer langen, schwülstigen Ausführung erklärter er Blankenfels: „Herr Petrinski habe sich nichts zu Schulden kommen lassen. Im Gegenteil, das Erscheinen der Polizei würde seinen Arbeitgeber nur in Misskredit bringen und beleidigen."

Blankenfels konterte ebenso formvollendet und entschuldigte sich dafür, überhaupt in Erscheinung zu treten. Das Wortspiel ging einige Minuten hin und her. Dann wurde es Blankenfels doch zu dumm. „Wir wissen, dass Herr Petrinski ein gestohlenes Gemälde gekauft hat!"

Ehe der Gorilla etwas sagen konnte, hob er die Hand. „Wovon ihr Arbeitgeber natürlich nichts wusste. Ich verstehe schon. Das Gemälde ist außerdem kein Klimt und zudem Nazi-Raubkunst.“ Hier trug er, zugegeben, etwas dick auf, das war Blankenfels bewusst, aber Herb war Jude, er wollte das Gemälde jetzt zurück – passt.

Am Gesicht des Russen konnte Blankenfels feststellen, dass seine Aussage nicht die gewünschte Wirkung verfehlt hatte.

„Es ist in unserem als auch im Interesse Ihres Arbeitgebers, wenn er das Bild in unsere Hände übergibt. Der rechtmäßige Besitzer, ein Amerikaner, sieht sich ansonsten gezwungen, an die Presse zu gehen. Hier ist meine Karte. Falls ich Herrn Petrinski bei der Rückgabe behilflich sein kann, rufen Sie mich an.“

Der Russe stand auf, nahm die Karte und verließ mit einem Kopfnicken den Raum. Das Gespräch war beendet.

„Nun heißt es abwarten“, dachte Blankenfels und bestellte noch einen Kaffee.

18

Flehingen, 11. September 2016, am Abend. Die Wärme des Tages wich der Dunkelheit, obwohl man Anfang Oktober bei Vollmond nicht so recht von Dunkelheit sprechen kann. – Für das, was die dunkel gekleidete Person vorhatte, genügte es. Oder zu mindestens hoffte er es. Die Feuerwehr war weg, die Polizei auch und die Absperrung war kein Hindernis für ihn. In dem nassen, verkohlten Holz dampfte es noch immer schwach. Der schwere Rauch hing noch in der Luft. Das Feuer hatte zum Glück nicht auf das vordere Gebäude übergegriffen, aber wegen des Löschwassers war Vorsicht geboten. Langsam glitt er die Wendeltreppe nach oben. Hoffentlich waren die Bilder nicht aufgeweicht. Als er die Verkleidung zum Versteck öffnete, kam ihm kein Wasser entgegen. Das war schon einmal ein gutes Zeichen. Bild für Bild holte er vorsichtig heraus. Die Kunstkataloge hatten etwas gelitten, aber das würde er verschmerzen. Der schwierigste Teil kam noch. Er konnte nicht alle Leinwände auf einmal tragen und so zog sich sein Treiben bis tief in die Nacht.

„Wieso wartet ihr noch. Nicht dass er uns noch entwischt", motzte ich.

Es war mir unverständlich, wie Blankenfels und Joachim in aller Seelenruhe mit mir gegenüber der Schreinerei im Schloss am Fenster saßen.

„Hab Geduld", zischte Joachim.

Der hat gut reden. Frauen und Geduld. Pah!

„Ich habe die Bilder heute Mittag gezählt. Es fehlen noch ein paar. Und er wird sie hundertprozentig alle mitnehmen. Heute Nacht ist seine einzige Chance."

Blankenfels nickte zustimmend. Im Gegensatz zu Joachim war er aber wesentlich unruhiger und sondierte ständig das Gelände mit dem Nachtsichtglas.

„Außerdem besteht die Möglichkeit, dass es noch richtig abgeht." Blankenfels lehnt sich zurück und schien auf einmal Spaß an der Sache zu bekommen.

Dezent stieß er Joachim und mich an. „Da hinten, hinter dem Schulgebäude."

Mehr Informationen gab er uns leider nicht. So konnten wir anfänglich nur Rätseln, was für Männer es waren, die auf Herrn von Maren losgingen. Er wurde etwas unsanft durch die Gegend gestoßen. Was tun? Um Hilfe konnte er nicht schreien, das würde sein nächtliches Treiben und die damit verbundenen Aktionen verraten. Sich durch die Gegend schupsen lassen, war bestimmt auch nicht angenehm, rief aber keinerlei Mitleid bei mir hervor.

„Sie werden ihn doch nicht umbringen? Emma würde ihm zu gerne die Meinung sagen", wollte ich von Blankenfels wissen, während mich die ganze Szenerie total in Spannung versetzte.

„Keine Sorge, wenn er schlau genug ist, gibt er ihnen das Geld plus Zinsen zurück und gut ist."

Und nun kam etwas Erstaunliches. Dass von Maren nicht so viel Geld bei sich trug war ja klar. Also zückte der die EC Karte, vielleicht in der Hoffnung, sie, sobald die beiden Gorillas weg waren, sperren zu lassen. Er hatte aber nicht mit der Verschlagenheit seiner Kunden gerechnet. Einer der beiden Russen holte ein tragbares EC-Gerät hervor. Tippte einen Betrag ein, der von Maren beinahe hatte ohnmächtig werden lassen, steckte die EC-Karte ein, ließ von Maren seine PIN eintippen und bedankte sich Sekunden später für die Transaktion.

„Habt ihr das gesehen?“, flüsterte ich.

„Leider“, meinte Blankenfels. „Die Verbrecher werden immer moderner. So, jetzt wird es aber Zeit für uns, nicht dass der gute Mann doch noch abhaut.“

Blankenfels tippte etwas auf seinem Handy und plötzlich gingen Scheinwerfer an und vier Polizisten kümmerten sich um den verdutzten Herrn von Maren.

Blankenfels verließ eilig das Schloss und rannte in Richtung Schule. Kurze Zeit später kehrte er strahlend mit einem großen flachen Paket zurück.

„Das Gesicht hättet ihr sehen sollen“, meinte ich zu Emma, die vor Freude weinte. Frau Rettinger, vom Weingut, öffnete zur Feier des Tages eine Flasche Blanc de Noir-Sekt.

Herb stand gerührt vor dem Bild seiner Mutter, das Blankenfels ausgepackt und an die alten Weinfässer gelehnt hatte.

Im Licht der Kerzen schimmerte das Blattgold und schien das Bild zum Leben zu erwecken. Emma fing leise an zu weinen.

„Es ist so wunderschön. Nur schrecklich, dass Tantchen dafür hatte sterben müssen.“

Herb nahm sie tröstend in die Arme.

„Nun erzähl“, forderte Joachim Blankenfels auf. „Ab wann wusstest du es?“

Blankenfels nahm einen Schluck Sekt, prostete dem Bild zu und holte theatralisch Luft: „Eigentlich erst als Andrea immer und immer wieder mit den Handtaschen anfing und du mir von Dr. Schäfers Tipp berichtet hattest. Der hochgeschätzte Archäologe von Maren hat es sich, wie meine Nachfragen bei den zuständigen Stellen ergaben, wohl schon des Öfteren bei Ausgrabungen bedient. Beweisen konnte man es ihm leider nie. So verschwanden zum Beispiel bei Ausgrabungen im Heiligen Land einige Dinge. Mitunter ein Kelch in einer kleinen Truhe mit Templer-Insignien. Natürlich noch ehe sie protokolliert oder fotografiert werden konnten. Man hatte lediglich die Aussagen der Ausgräber und die tat von Maren immer als falsch ab. Der im Schloss gefundene Kelch war allerdings ein solcher Fund. Ein Student, der damals als Praktikant im Heiligen Land mit dabei war, hat ihn sich genau angesehen und unerlaubterweise mit dem Smartphone ein Foto an seinen Dozenten, nämlich Dr. Schäfer, geschickt. Teurer Zufall. Aber so spielt das Lebern eben manchmal."

„Halt, stopp! Soll das bedeuten, der Gral ist nicht der Gral?", fragte ich unsicher.

„Genau", meinte Joachim. Man spürte förmlich, wie ihm eine zentnerschwere Last von der Seele fiel. „Es handelt sich bei ihm eindeutig um einen Messkelch um Elfhundert. Wir haben eine Punzierung gefunden, die dies bestätigt. Natürlich ist der Kelch ein absolut wertvoller und kunsthistorischer Fund. Aber nicht mehr und nicht weniger. Doch lass erst einmal Blankenfels fertig erzählen."

Blankenfels nickte und fuhr fort: „Von Maren hatte bei Routineuntersuchungen in der Schreinerei die Bilder, die Emmas Großvater dort laut Tagebuchaufzeichnungen vor den Nazis versteckt hatte, entdeckt. Von Maren studierte die Bilder und bemerkte bei seinen Recherchen, dass die Originale seit dem Zweiten Weltkrieg als verschollen galten. Ihm war sofort klar, dass es sich hierbei um gut gemachte Fälschungen handeln müsse. Genauso klar war ihm auch, dass er nichts zu befürchten hatte. Die Farben würden aufgrund ihres Alters einer Untersuchung im Labor standhalten. Als Dachbodenfund ausgegeben, hätte man ihm auch keine argwöhnische Täuschung unterstellen können. Ich denke es war anfänglich keine große

Sache geplant. Erst als er für den angeblichen Dachbodenfund in Heidelberg so eine horrende Summe bezahlt bekommen hatte, wurde ihm bewusst, was für einen Schatz er da entdeckt hatte, und fasste einen Plan. In diesen Plan passte leider auch das Bild von Emmas Tante. Doch zuerst musste er, um ungestört in die Schreinerei kommen zu können, die Aufmerksamkeit auf etwas anderes lenken. Dazu opferte er den Kelch. Die auf die Wände gesprühten Zeichen waren auch von ihm. Er war es auch, der den Gralsfund an die Presse meldete. Der Tipp an die Zeitung, der Mord könnte mit den Templern zusammenhängen, stammte natürlich ebenfalls von ihm. Nur am Kornkreis ist er unschuldig, das war ein Trittbrettfahrer."

„Aber wieso meine Tante?", wollte Emma leise wissen.

„Sie wollte nicht verkaufen. Er behauptet, er habe ihr Geld angeboten, aber sie war unglaublich stur. Selbst als er ihr die Hand auf die Herdplatte drückte, wollte sie es nicht verkaufen."

Herb wurde bleich und setzte sich. „Dann ist es meine Schuld. Sie wollte mir das Bild zurückgeben. Wäre ich nicht gewesen, dann würde sie noch leben."

„So ein Quatsch!", erwiderte Emma energisch. „Sie hätte es auf keinen Fall verkauft, denn sie wusste ja, dass sie es eigentlich zu Unrecht besitzt und außerdem wäre Andrea dann auch mit Schuld."

„Was? Ich? Wieso?" Das verstand ich nicht, ich war in dem Fall so unschuldig wie ein weißes Lämmchen.

„Weil ohne deine Ausstellung von Maren das Bild nicht gesehen hätte."

„Stimmt", erwiderte ich kleinlaut und wurde blass.

„Na also, und das ist Blödsinn und deswegen sind Sie Herr Weingardner, auch nicht Schuld. Schuld ist nur dieser Kerl."

„Genau!", bestätigte Blankenfels. „Dass wir Handtaschen mit Bildern und Dokumenten gefunden hatten, bekam er irgendwie heraus. So ist er bei Andrea eingebrochen, um eventuelle Beweise zu vernichten. Er wollte sich solch ein Geschäft nicht zerstören lassen."

„Ich Idiot!", rief ich. Mit weit aufgerissen Augen sah ich Blankenfels und die anderen an. „In der Kirche, als ich mich von Joachim verabschiedet habe, da habe ich die Handtaschen erwähnt. Und von Maren hat noch nachgehakt, ob es sich um die von Emmas Tante handelte."

Ich schlug mir mit der flachen Hand auf die Stirn.

„Sein größter Fehler war letztendlich seine Habgier. Es war eine absolute Dummheit das Bild zu stehlen, um es dann auch gleich zu verticken."

„Und dafür noch einen Mord zu begehen!", zischte Emma.

„Genau! Keiner hatte von den Bildern in der Schreinerei gewusst. Der Schwindel wäre nie aufgefallen", gab ihr Blankenfels recht. „Mord und Betrug, das ist eben zu viel."

„Ein Mordsschwindel, in diesem Fall", meinte Joachim trocken. „Auf die gute Tante Clara!", er prostete uns zu und trank einen Schluck Sekt.

Frau Rettinger servierte uns Platten mit kaltem Braten samt Remoulade, Hausmacher, Käse und allerlei Brot.

Herb seufzte.

„Was ist?", fragte ich.

Verschmitzt lächelte er mich an: „Ich bin Jude und Hausmacher ist nicht koscher. Ich habe es seit meiner Kindheit, damals in der Schule, wenn wir die Pausenbrote tauschten, nicht mehr gegessen. Nun bin ich so alt und fühle mich bei diesem Anblick wieder wie damals als kleiner Hosenmatz. – Was soll's. Jahwe wird mir es verzeihen", erklärte er mir und strich sich glückselig ein Leberwurstbrot.

Mit jedem Happen und jedem Glas Wein, das im Gewölbekeller gegessen und getrunken wurde, stieg die Stimmung.

Herb erzählte von seiner Kindheit in Flehingen und ich hatte das Gefühl, dass sein amerikanischer Akzent zugunsten unseres Dialektes wich. Spät in der Nacht meinte er: „Mein Vater hat da immer ein Lied gesungen. Selbst als wir bereits in New York wohnten. Zu gerne würde ich es noch einmal mit jemandem singen. Bitte!"

Achselzuckend sahen wir uns alle an.

Herb summte ein paar Takte. Unsere Gesichter hellten sich auf. Als er zu singen anfing, fielen wir alle mit unserer Weinseligkeit und Heimatverbundenheit mit ein:

„Das schönste Land in Deutschlands Gau'n,
das ist mein Badner Land!
Es ist so herrlich anzuschaun und ruht in Gottes Hand.
Drum grüß ich Dich mein Badner Land,
du edle Perl im Deutschen Land!
Frischauf, frischauf, frischauf, frischauf,
frischauf, frischauf mein Badner Land ...

Die Kerzen warfen Schatten an die Kellerdecke. Sie schienen mit unserem Lachen um die Wette zu tanzen. Die grauen Schatten der Vergangenheit waren endlich verschwunden. Bald würde neuer Wein in die Fässer kommen und reifen. So wie die neu entstandene Freundschaft zu Herb. Alles war gut!

Im Übrigen: Frau Braun war vier Wochen später damit beschäftig, Babysöckchen für Andrea zu stricken. Sie und Blankenfels würden im nächsten Jahr Paten im Hause Leuchte werden.

Wir danken dem
Ordo Militiae Crucis Templi –
Deutscher Tempelherren-Orden
(www.omct.eu / omct@omct.eu)
für die Zustimmung zur Abbildung
des Ordensmantels.

Lindemanns Bibliothek
herausgegeben von Thomas Lindemann
Band 283

Titelfoto: Johannes Micke
Kelch: Locutus Borg (José-Manuel Benito Álvarez)

ISBN 978-3-88190-943-3
www.infoverlag.de